# 山學ノオト

*yamagaku note 2020*

この本は人文系私設図書館「ルチャ・リブロ」の二〇二〇年一月〜一二月までの一年分の日記に、書き下ろしエッセイを加えてまとめたものです。
執筆者は青木真兵、青木海青子の二人。それぞれの言葉は（真）、（海）と末尾に表記されます。

「日記」　初出『H.A.B ノ冊子』第五号〜九号
「エッセイ」、「研究ノオト」　書き下ろし

# 目次

## 闇の底より主に訴える

先日SNSで流れてきた体験談を、たまたま目にしました。そこには、働き始めてすぐに精神を病んで休職した人が、会社の先輩に呼び出されて「そんなんじゃ、給料ドロボーだよ」と諭されてショックを受け、心の中では色々な言葉が渦巻いていたが咄嗟に何も言えなかった、という顛末が記されていました。

このエピソードを読んで、ドキッとしました。私も、転職先で仕事を覚える間もなく休職した経験があるからです。「仕事を覚えていない専任職員」としてデスクに座っていた頃、やはり同じような意味合いの言葉を耳にしました。「毎日来てニコニコして座ってるだけでいいなら、私があの席に座りたいくらいだわ」と。「どーぞ、どーぞどーぞ」と言ったかは覚えていませんが、結局復職は叶いませんでした。そんな記憶を紐解くうち、ある言葉を想起しました。

「闇の底より主に訴える」

これはホラーでありながら、ヒューマンドラマとも呼べる映画「シックス・センス」に出てくるコール少年が口にしていた言葉です。彼を見守る精神科医・マルコムは、少年がラテン語でこの言葉を唱えていたことを不思議に思います。コールには実は幽霊が見えていて、声も聴こえます。先の言葉は、彼が幽霊から知り得たものだったのではないかと思われます。コールの目線を通すと、日常のそこかしこに幽霊が居るのが見て取れました。マルコムやコールの母、多くの人には見えていませんが、街中にも学校にも家の中にも幽霊は存在しているのです。

小川たまかさんが、社会の中で黙殺される女性たちの姿をエピソードで浮かび上がらせる『「ほとんどない」ことにされている側から見た社会の話を。』（タバブックス）という本を著していますが、「シックス・センス」に出てくる幽霊たちの姿は、まるで社会の中で「ほとんどない」ことにされている弱者やマイノリティのようです。姿は見えづらく、見えても目を逸らしたくなる。そして声は聴こえにくく、どんな助けを求めているのか、すぐには分からない。幽霊自身も、それが分からなくなっている場合も多いのです。

私は昔から幽霊譚が好きだったのですが、もしかしたらそこにマイノリティ性だったり、狂気と健常の線引きのようなものだったりを無意識に汲み出していたのかもしれません。幽霊譚で幽霊が生者との違和を発見されるのは、「普通ならしない」行動や姿をしていることがきっかけであったりします。夏なのにニットを来ているとか、雨の中傘もささず立っているとか、深夜に人気のないところに居るから変に思ったとか。

こうした幽霊譚を好みながら、私は自分が「変に思われる」ことには物凄い恐怖を覚えてきました。この恐怖が言動を縛っていたと言っても過言ではありません。これはおそらく、変に思われて社会の中で「ほとんどない」ことにされ、姿も声も認知されない、黙殺される幽霊になってしまうということへの恐れだったのではないでしょうか。

そう考えると、冒頭で紹介したエピソードに出てくる会社の先輩も、もしかしたら私と同じような恐れを潜在的に抱いていたのかもしれません。「給料ドロボー」になったら終わりだ、自分はそっち側じゃない、と確認したい。だから参っている後輩に追い討ちをかけるような言葉を投げかけてしまうし、後輩の話を聞こうという姿勢にもならない。だけど生者と幽霊がそうであるように、本当は精神を病んでしまう人とそうでない人なんて、紙一重なのではないでしょうか。

私は今ではこういう恐怖を抱く機会はだいぶ少なくなってきました。というのも、仮ながら彼岸に暮らし社会の幽霊になったけれど、幽霊暮らしは存外に穏やかで、悪いものではないと分かったからです。いや、私は初めから幽霊で、それに気がついただけなのかもしれませんが。

幽霊の声を聴く少年が発した「闇の底より主に訴える」という言葉は、困難の当事者にはしっくり来ます。時々闇の底をのたうち回り、ごちゃごちゃ考え、ぼそぼそ声を出す心象と重なるのだと思います。闇の底まで行ったって、特に終わりじゃないし、声も出せるんです。（海）

# 山學日誌登場人物相関図

●敬称 だいたい略●

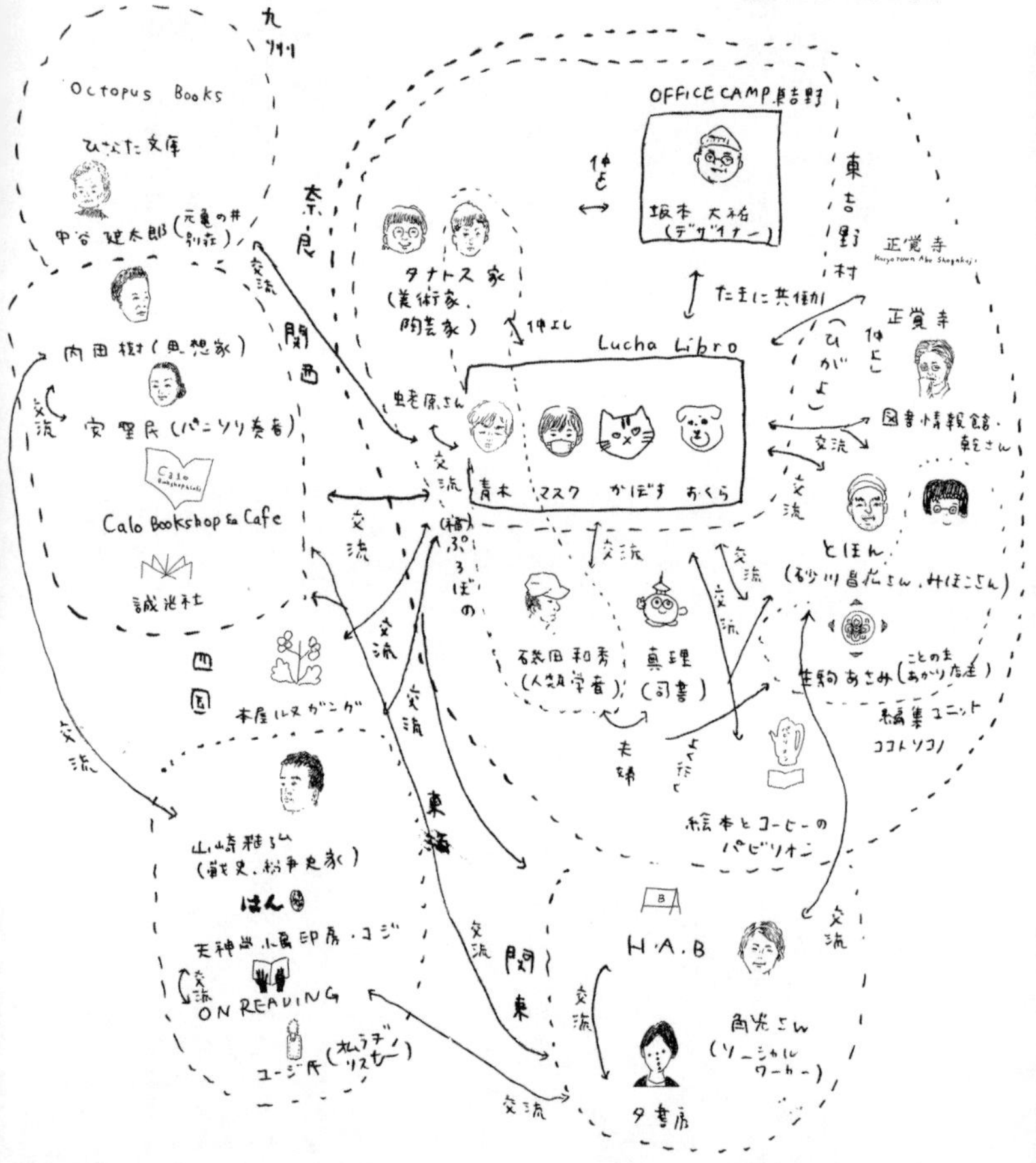

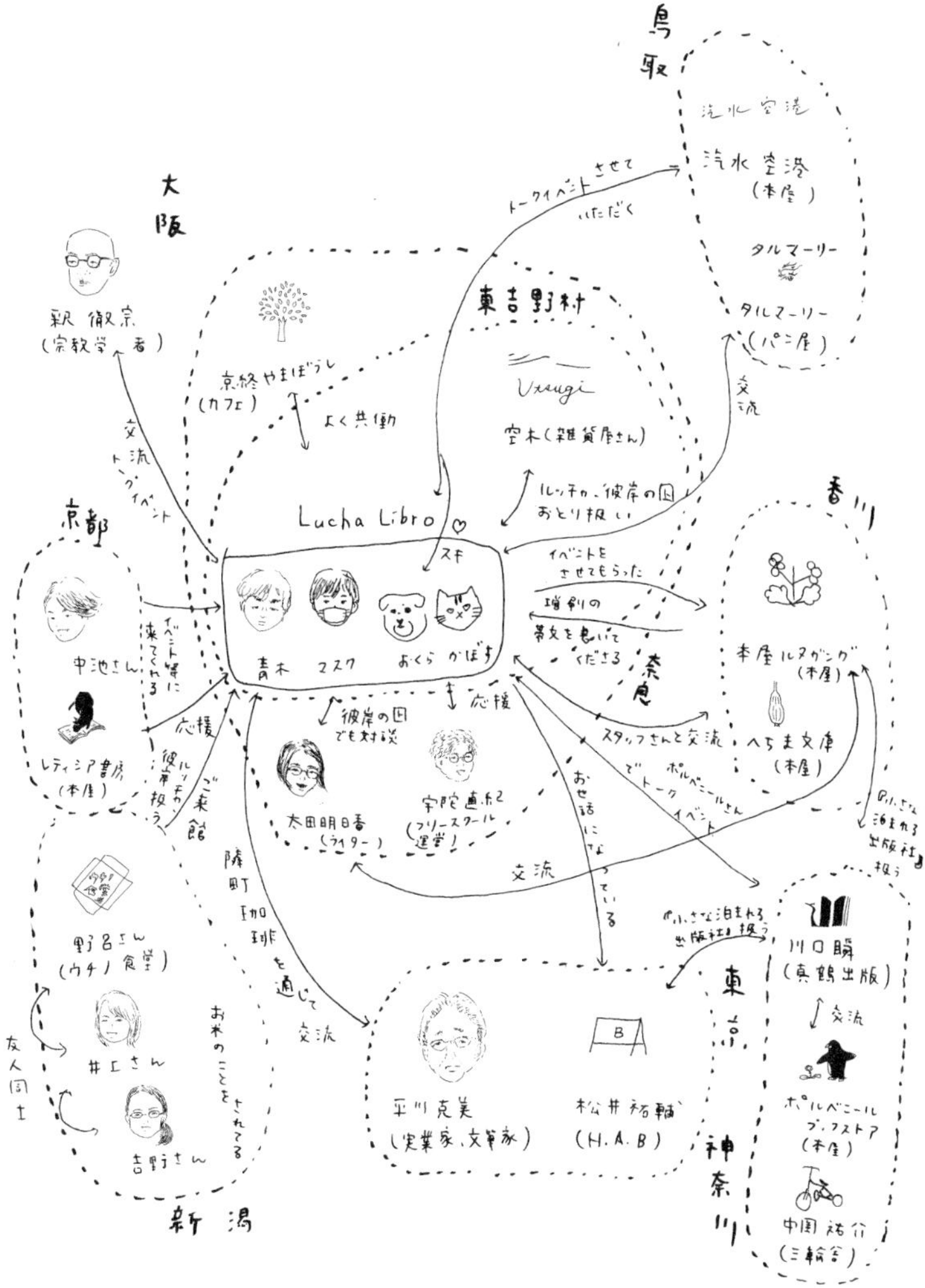

鳥取
汽水空港
汽水空港（本屋）
タルマーリー
タルマーリー（パン屋）
トークイベントさせていただく
交流
大阪
釈徹宗（宗教学者）
交流
トークイベント
京都
中池さん
イベント等に来てくれる
レティシア書房（本屋）
応援
ルッチャ彼岸の図扱う
ご来館
東吉野村
京終やまぼうし（カフェ）
よく共働
Uzsugi
空木（雑貨屋さん）
ルッチャ、彼岸の図お取り扱い
Lucha Libro
スキ
青木
マスク
おくら
かぼす
香川
イベントをさせてもらった
増刷の帯文を書いてくださる
奈良
本屋ルヌガンガ（本屋）
へちま文庫（本屋）
スタッフさんと交流
ポルベニールさんでトークイベント
『小さな泊まれる出版社』扱う
彼岸の図でも対談
応援
太田明日香（ライター）
宇陀直紀（フリースクール運営）
交流
お世話になっている
隣町珈琲を通じて交流
『小さな泊まれる出版社』扱う
東京
平川克美（実業家、文筆家）
B
松井祐輔（H.A.B）
神奈川
川口瞬（真鶴出版）
交流
ポルベニールブックストア（本屋）
中岡祐介（三輪舎）
野呂さん（ウチノ食堂）
友人同士
井上さん
吉野さん
お米のことをされてる
新潟

## 2020 1/1 水

年越しは酒をちびちびやりながら、「男はつらいよ」を鑑賞。今年は新たな一歩を踏み出すために、「新調した靴の紐を片足にだけ通すような年」になりそう（なにそれ）。他者からの社会的な評価ではなく、「自分が一番自由を感じられる瞬間」をいかに持てるか。「これから」を生き続けるためには、ここにこだわろう。そして「空想的社会主義」と呼ばれたアイデアを土着化させていくため、ロバート・オーウェン、サン・シモン、フーリエらを読むことはもちろん、渥美清、小沢昭一両師から学ぶ年になるはずだ。（真）

## 1/2 木

打ち合わせ二件。本年から東吉野村での活動時間を増やしていく。そのためにできることをやりつつ、分からないことは調べつつ、「答えのない時代」の動き方を実践していこう。夜は正覚寺にてご飯をごちそうに。縁遠い奈良の地に昔からの友人

がいることは心強い。双子ちゃん、母よしこ共々元気そうでなにより。（真）

1/3金

車検のために桜井のビッグモーターへ。プリンターも寿命っぽいので新たなものを新調。ここに来てなんだか風邪っぽい。（真）

少しだけ石垣を積む。あー賽の河原。（海）

1/4土

就労支援の仕事で橿原神宮に初詣へ。やはりみんなと接すると元気がもらえる。仕事として、決まった時間、決まった場所に行くこと自体は億劫だけど、じゃあ仕事をなくした方が自由で楽しい生活が送れるのかと言えば、そうではないと思う。でも仕事をしなくちゃ生きていけないとなると、これまた窮屈だ。このあたりの「いい塩梅」を、実践を通じて見つけていきたい。「男はつらいよ」、ついに第九作目に突入。恐れていた事態が現実のものに。おいちゃんが森川信ではなくなってしまったのだ。「男はつらいよ」のオープニングのような曲って、歌謡曲でもないし演歌でもない。どうやって類似を探していけば良いのだろうと思っていたら、作曲が山本直純氏。「小沢昭一的こころ」はもちろん、「8時だョ！全員集合」まで山本氏とは。ここから掘っていこう。（真）
揺さぶりをかけようとしてきたり、試そうとしてきたりする人に、時々気付くようになった。揺すっても何も出んのやけどなぁ。（海）

## 1/5日

ふと小林旭「自動車ショー歌」を聴き直したら、第一声が「あの娘をペットにしたくって」だった。今だったら絶対ありえない歌詞。今さら『彼岸の図書館　ぼくたちの「移住」のかたち』（夕書房）がAmazonに入荷したらしい。日本各地の小さな書店さんを中心に、同時多発的に広がってきたこの本。やっとこさAmazonに入荷という事態が、なかなか面白い。（真）
脚の調子悪くて、布団暮らし。熱もある。これだから昨年はこたつマルシェを企画したんだっけ。かぼすさんはすっかり元気。よかった、よかった。（海）

1/6月

一日中ベッドに伏せる。熱は高くないけど、頭痛と吐き気が常にある。明日は良くなるかしら。さまざまな方面にご迷惑かけてしまった。(真)

家人が連日「男はつらいよ」を観ている。どこかインド映画に通じるものがある。家人の話し方は昔から、寅さんみたいな江戸っ子風だ。(海)

1/8水

少し回復してきたけれど、万全にならず。が、今日は大学の講義が一件。病み上がってもいないヘロヘロのまま、紀伊国屋梅田本店を経由して大学へ向かう。また意中の書店員さんにお会いすることはできず。都合三回ほどすれ違っている。講義前には、東吉野村へ越す直前まで勤めていた博物館の方々にご挨拶。世界遺産学研究の講義でリビアの遺跡に言及するたび、アラブの春やNATOによる空爆の悲劇についても触れている。加えて今日は、イランとアメリカの間で戦争が始まってしまうかもしれぬ現況を紹介し、「戦争反対」の旨をお話し。(真)

二人して体調悪く、布団暮らし。本年も安定の薄弱ぶり。(海)

## 1/9 木

宇根豊『農本主義のすすめ』（ちくま新書）を読んでいる。とても面白いのだけれど、僕は「百姓」という解釈をただ「農民」というだけでなく、もっと多義的なものとして捉えている。近代的な人間中心主義の社会に違和感を抱き、距離を取れるのであれば、決して田んぼに行く必要はないし、合気道にも「男はつらいよ」にも、そのきっかけはある。（真）

## 1/10 金

「Society 5.0」という言葉をそこここで見かけたので調べてみた。一言でいうと、悪夢的社会だった。内閣府が推進しているそうだけど、ＡＩで「人がやりたいこと」を汗かかずにできるようになればみんなハッピーっしょ、みたいなバカな発想で未来を構想するの、早急にやめてほしい。『農本主義のすすめ』読了。僕は「百姓」を「農民」だけに限定しないけれど、宇根さんの思想もここに限定されるだけのものではないはず。外と内の双方の視点が必要との指摘は、此岸と彼岸を「行ったり来たり」することの重要性を説く僕たちとも共通している。でも「農本主義」に対しては、外からの視点として保坂正康氏や中島岳志氏の研究も参照する必要がある。そして中里介山氏がとても気になる。「男はつらいよ」の次は『大菩薩峠』か。(真)

1/11土

消防団の出初式、無事に終了。例年よりだいぶマシとのことだけれど、やっぱり寒かった。今年の新入団員は僕を入れて三名。なんとか噛まずに宣誓もできた。良い悪いではなく、地域の細部がグッと上がる。夜は地区役員の会議へ。二年間務めたけれど、会議への出席率が悪く迷惑かけっぱなし。ただ現代において「自治」なるものは、都市よりも村の方がなされているのではという実感を持てたことは収穫。手づくりの、顔の見える自治。良くも悪くも。(真)

1/12日

ジョーカーと寅さん、何が違うんだろう。「外部」につながれる寅さんと、つながれないジョーカー。決して住んでいる地域の経済格差だけでは語れない。今日はずっと楽しみにしていた「仕立て屋のサーカス」に参加できなかった。代わりに回覧板を回したり、地区の総会の委任状を渡したり。それだけでもヘロヘロに。胃腸司令官から「全員守備」の指示が出ている感じ。とにかく、守り抜く時間も大事。（真）

## 1/13 月

とんど、無事に終了。むちゃ寒かった。「いつまでできるやろなぁ」とみなさん口々に。主力メンバーは六〇代半ばで、今回参加は八名。ほぼフルメンバー。現代の根元にある「近代」を裏付けた科学技術。このような時代において、人間は再現性のある工業製品のように語られてしまう。自分の認識がどれだけ「工業の言葉」でできているか。排除する必要はないけど、認識しておくことは大事。そうじゃないとどんなにステキで「持続可能な」ことを言っても、金魚鉢の内側の話になってしまうから。夜はタナトス家とお夕飯と温泉へ。やっと普通にご飯が食べれるようになってきた。「既存のジャンルに詳しいものを作っておくと仕事が来るのでは」と、タナトスさんのアドバイス。確かに！でも僕もタナトスさんも「そういう人」じゃない。「ジャンル外の人」として粛々とやっていこう。（真）

1/14火
久しぶりに職場復帰。仕事が溜まっていたことも重なり、一瞬で四時間が経つ。夜は鍼灸院へ。新年早々、不調が吹き出す。今のうちに出てる分だけマシなのかしら。（真）

1/15水
月に一度の名古屋で講義。高速バスでゴー。先日のSession22「大竹まこと×荻上チキ～新春特別対談」がとても良かった。やっぱりラジオが好き。講義を終え、春の企画の打ち合わせ一件。その後ちくさ正文館にて、萱付雅信『動物と機械から離れて』（新潮社）などを購入。高速バスでまた帰る。お供は藤原辰史『ナチスのキッチン』（共和国）。むちゃ面白いと同時に、「自分もしっかり研究したい！」と鼓舞される素晴らしい作品。名古屋の高校生たちがスタバに行列をつくっていた。就労支援でも「選択肢を増やす」ことの重要性は説かれるけど、どうしたって消費者としての選択肢の域を出ない。「選択肢の向こう側」に関心を向ける支援者は少ない。つまり、支援者も被支援者も、いつ「消費者である自分」を相対化するか。経済成長が当たり

前じゃない世の中だからこそ、遅かれ早かれ相対化せざるを得なくなっていく。（真）

1/16木

今日も就労支援の仕事。一日が一瞬で過ぎ去る。日々「支援」と呼ばれる仕事をしていると、取り越し苦労と「ていねいな支援」の境目が分からなくなることがある。取り越し苦労と「支援」は別ものなのか、それとも取り越し苦労を含んだものなのか。そもそも取り越し苦労って何だろう。調べてみると、「無駄な心配」ということらしい。僕は「ていねいな支援」には「無駄な心配」はつきものだと思っている。ただ「無駄な心配」の方に引っ張られてしまうと、「支援」は「負担」へと変わる。確かに「負担」は「支援」につきものだけれど、この「負担」をチームで持つことがなにより大事。これによって「負担」は「支援」に変わるのだと思う。チームの力を最大化することも僕の関心の一つ。取り越し苦労を内包した「支援」を行っていきたい。夜は『H.A.Bノ冊子』に連載中の山學日誌の仕上げ。角を取ったり、角を出したり。（真）

1/17 金

藤原辰史『ナチスのキッチン』読了。むちゃ面白かった。本書の主旨ではないけど、本当に「ナチス研究」から学ぶことは多い。ホロコーストから「人間とは何か」という問いや悲惨な歴史を受け取る一方、国家と国民が「一体となる手本」という意味で「成功例」として扱う外道が現代社会にもいる。そういう意味でも、歴史研究は間違いなく必要。(真)

1/19 日

僕とオフィスキャンプの坂本さんで立ち上げた「山村のアカデミア」こと山學院。昨年は夏と冬に二度開催。でも、そもそも山學院って何だろう。校訓である「コンテンツよりマナー　原理より程度」をさらに具体的にしていきたい。まずはとりあえず、YouTube で「山學TV」を開始。(真)

1/23 木

東京デイズ初日。夜は六本木にて建築家の光嶋裕介さんとトークイベントのため、文喫に初入店。平日にも関わらず、店内には若い大学生くらいのお客さんがたくさん。光嶋さんとのトークは、あたかも長州力の「ハイスパートレスリング」のよう。息をもつかぬ応酬の中で、「知ってること」を言葉にするのではなく「身体が生み出すもの」を必死に汲み上げた。光嶋さんとのトークはこれからも続けて、「名勝負数え歌」にしたい。(真)

## 1/24 金

なにやら業界では、Amazonランキングに入らねばその本は「存在しないに等しい」そうだ。そんななかAmazonを経由せず、全国のインディペンデント系書店さんを中心に広がっていった『彼岸の図書館』が増刷決定!ありがたや。「自らの心と身体の声に誠実に耳を傾けて生きていくということ。二〇二〇年代、当然の選肢になりそう」と、詩人の西尾勝彦さんが寄せてくれた言葉にもある通り、『彼岸の図書館』は現代の『コモン・センス』になってほしい。各地から広がるこの感じ、まさにピープル・パワー!今日はついに平川克美さんにご挨拶。プロレス、寅さんなどについて伺う。話を着地させない、終わらせない平川さん。「楕円幻想論」かと思いきや、全く関係なくニックボックウィンクル、つげ義春。でもそこには「近代」に対する確かな眼差しがある。夜は神奈川県の大船のポルベニールブックストアさんで、真鶴出版の川口瞬さんとトークイベント。山村と港町は違えど、地域に移り住み「小さな場」を拠点にしていることが共通している。川口さんが真摯に応えてくれるので、思わず何も考えずに楽しく喋ってしまった。真鶴にも行きたいし、大船も最高だった。終電で横浜駅すぐのカプセルホテルに宿泊。（真）

## 1/25 土

朝から妙蓮寺に三輪舎の中岡祐介さんを訪ねに行く。商店街にある石堂書店さんの二階をコワーキングスペースにする計画を伺ったり、中岡さんと山學院の話をしていて刺激をいただいたり。そうか、本屋か。まずは内田洋子『モンテレッジォ　小さな村の旅する本屋の物語』（方丈社）、石橋毅史『本屋がアジアをつなぐ　自由を支える者たち』（ころから）をゲット。中岡さんも研究と実践を繰り返していて、場所は違うけど、同じ方向をめざしていると勝手に思っている。本質的なことから逃げない姿勢がすごい。デモクラシーの実践を自分たちなりに行いたいのだ。午後は石堂書店さんで永江朗さん『私は本屋が好きでした』（太郎次郎社エディタス）トークイベント。近代社会では無関心が「疎外」として構造化されている。仕事に対してだけでないし、僕自身この問題にいかに取り組むかを課題としている。石堂さんの真摯な姿勢にも胸を打たれた。イベント後は渋谷へ。高いビルから街を望みつつ休憩。文明なんて儚いものよ。それから新宿に「仕立て屋のサーカス」を体験しに行く。実験性と宗教性が多分に含まれているが、赤ちゃんやちびっ子にも開かれてる感じが新鮮。その後、「仕立て屋のサーカス」発起人、曽我大穂さんとご飯へ。楽しすぎて終電を逃がす。走ったけど気持ち悪くなり、池袋で途中下車。大学生かよ。（真）

## 1/26日

ひがよへ帰る。『彼岸の図書館』増刷に向けて誤字などをチェック。あぁ面白い。夜はタナトス夫妻と温泉へ。いくみんに「顔がむくんでる」ことを指摘される。早く休まねば。（真）

1/27 月

案の定ヘロヘロに。明日の仕事のために早く寝よう。しかし今日は行き帰りの電車内でしか本が読めなかった。「本が読めない」ことが最大のストレスになることに気がついた。(真)

1/28 火

危機一髪！ストーブの上に干していたジーンズが落ちて焼け焦げる。白い煙がモクモクと。火の用心！(真)

1/29 水

締切が月末の社会福祉士のレポートを執筆。人のことは言えないけれど、教科書の文章が下手すぎてイライラ。「人は誰でも多くの人々と同等・同質の労働環境で働くべきだ、という考えに異を唱える人はいないだろう」という記載に愕然。んなわけねぇだろ。しかし福祉の世界の片隅にいて思うのは、本来は支援者こそが「充実した生活を送っている必要がある」のに、そうなっていない現実がある。弱者を弱者が支える構造は決して「ゆとりある社会」を生まない。やはり福祉は一種の「ノブレス・オブリージュ」であるべきで、そうあることができるような仕組みが必要。（真）

1/30木

ご近所の友達のおうちへ。中央アジア風の寝椅子が出来上がっていて、素晴らしかった。ご近所に文庫が増えたら嬉しい。東吉野村内でも、他に個人文庫をされてる方がいたり、過去にも子ども文庫や寺子屋をしている場所があったらしい。割と自治性というか、皆で持ち寄る感覚が元々ある場所柄なのかもしれない。（海）

1/31金

一週間が終わる。社会の中で生きるとは、なんとも不自然なこと。でもたまに不自然なことをしてみると、なかなか健やかな気分になる。生きるか死ぬか。働くか働かないか。学ぶか学ばないか。どちらか片方に決めるこたない。双方を往復することにこそ、人として「生きる妙」があるのではなかろうか。（真）

## 2/1 土

久々の寒い朝。香川は高松の本屋ルヌガンガさんで太田明日香さんとのトークイベントのため、高速バスで出かける。ウェルズ、池央耿訳『タイムマシン』（光文社古典新訳文庫）、柳父章『翻訳語成立事情』（岩波新書）、保坂正康『五・一五事件』（ちくま文庫）をお供に、移動中に読書。至福の時。高松駅に着き、そのまま仏生山駅へ。目的のへちま文庫さんはもちろん、道中もいい感じ。その後、なタ書さんへ。独特の空間にすっかり癒される。なタ書店主の藤井佳之さんに周辺を案内いただき、ルヌガンガさんへ。移り住む側と移住者を迎える側、旅と移り住むことの違いなど、まだまだ話すテーマが残った感じ。瀬戸内の各地から集っていただいたようで、さまざまな方にお会いすることができた。（真）

本屋ルヌガンガさんでのイベントで、高松へ。小豆島や直島から来てくれた方もいた。街に出る手段がフェリーって素敵。（海）

## 2/2 日

ゲストハウスten to senさんにて熟睡。くつわ堂にて美味しいショートケーキを

食す。昭和のラウンジ感を堪能。昼過ぎには高松を後にして、夜は恒例のタナトス夫妻と温泉へ。(真)

太田さんとのブランチ楽しかった。(海)

2/3 月

ブラッドベリ『華氏451度』(早川書房)内の台詞がグッとくる。「ひとつ絶対に忘れてはならないことがある。お前は重要ではない、お前は何者でもない、という思いだ。」現代社会の生きづらさは、人ができることを外部化していった結果でもあるし、自分は重要だ、他人とは違う、と思い過ぎていることにある。(真)

2/4 火

『五・一五事件』読了。「農への回帰」はある意味普遍的な現象だし、農本主義者は本質を突いている。軍部との関係や農村の極度の貧困が合わさった結果だけれども、テロという形を取らざるを得なかった時代。一方僕自身は、「みそ汁の塩分で鉄を錆びさせて脱獄」くらいの感じで闘っていきたい。(真)

2/5水

『SAVVY』三月号の特集「京都さんぽ」内で、日曜書店ふるふる舎さんとレティシア書房さんが『彼岸の図書館』を「今年最初に読んで欲しい本」に挙げてくださった。うれし。今日は仕事後、正覚寺にてぼたん鍋会。かわいい赤ちゃん二人を眺めつつ、手づくりお味噌味が美味。（真）

2/6木

へちま文庫さんでゲットした、小林信彦『日本の喜劇人』（新潮文庫）を読む。と同時にユージ氏にいただいた、小沢昭一「ドキュメント又『日本の放浪芸』」を車で聞き、日本芸能史の表と裏を同時に楽しんでいる。このあたりをもっと勉強して身体化させる必要性を感じる。古書からすうりさんでゲットした、G・M・ウィルソン『北一輝と日本の近代』（勁草書房）は表紙もかっこいい。オリンピックにせよローカルブームにせよ「熱に浮かされる」ことは危険だし、「つべこべ言わずにまず行動！」の危険性も、歴史を知れば分かること。「ラディカル」は用法用量を守って使わねばならない。（真）

## 2/7 金

引き続き、『日本の喜劇人』が面白い。「個人の幸福に関して何の責任もとらぬ体制にたいしては無責任な態度で居直るよりない」という青島幸男のメッセージは「（前略）天皇が責任をとらなかったために始まった、だれにも責任がないフシギな国のあり方へのメスとなったかもしれない」。そうか！と膝を打つ。（真）

「館内整備を手伝って」と呼びかけたら、手を挙げてくれる人がいて、有難い。庭の整備も、呼びかけてみようかしら。へっぽこ申告していこう。（海）

## 2/8 土

今日はチラッと仕事をした後、ルチャ・リブロ館内整備のためにコメリへ。夜はタナトスさん生誕を祝うコロッケ祭。なぜか誕生日の当人（a.k.a. 誕生日様）から『桐生悠々反軍論集』（新泉社）をいただく。座右の書にしよう。その後は消防団の集まりへ。普段僕たちのいる社会とは原理が全く異なる社会に参与。いろいろ本を読むモチベーションをいただいた、ということにしよう。（真）

2/9日

ルチャ・リブロ館内整備で床の間に棚を据え付ける。フェイスブックで手伝いを募ったら、わざわざ京都からオムラヂリスナーの中池さんが駆けつけてくれた。昼ご飯を食べていたら、元神吉ゼミだったことが判明。以前神吉さんと「シェアラボ」でトークした時に来てくれていたとのこと。ご縁を感じる。館内整備の後は温泉へ。残念ながら修復中で露天風呂に入れず。ホカホカのまま、夕飯はトマオニでステーキを食す。帰ってきて「男はつらいよ」第二五回を見ながら、やるべきことをササっと。(真)

館内整備の日。京都から、オムラヂリスナーさんがわざわざ手伝いにきてくれた。床の間の棚はお任せして、壁を塗り塗り。雪がちらつくものの積もらず、少し寂しい。(海)

2/10月

長谷川貴彦『イギリス現代史』(岩波新書)読了。直接この本とは関係ないけど、多額の資金を必要とする事業はどんなに理想的なヴィジョンを語っていても、決して「僕たち」のためにはならない気がする。実際にはどこにもいない「みんな」や、ごく少数の富裕者とそのおこぼれで生きていく「大人」のためなんだな、と。原稿。確かに内容は「いつもの話」だけれど、自分の中では新しい情報が入っていたり、本も読んだり生活もしているので、解像度は上がっている（つもり）。（真）

2/11火

祝日だけど仕事。『タイムマシン』読了。初めてちゃんと読んだのだけど、むちゃ面白かった。ダーウィニズムの影響が見られる設定に、ユートピアともディストピアともつかない、さまざまな意味での「リアル」を感じた。次はオルダス・ハクスリー『すばらしい新世界』（光文社古典新訳文庫）を読もう。（真）

2/12火

『タイムマシン』がじわじわきている。かつての同じ人類が、格差が拡大し固定化したことで全く違う人種となった。僕たちも日々の中で「意見の合わない人たち」の存在は感じるのだけど、「閉じてしまうこと」だけは避けたい。決して同じに

なる必要はないけれど。（真）

日曜に引き続き、壁を塗ったり、棚に柿渋塗ったり、寝椅子作ったり。かぼす館長がちょくちょく様子を見にきてくれる。（海）

2/13 木

就労支援の仕事にて、支援学校でのテレワーク説明会に参加した後、法人の全体会議。自分のやりたいこと、したいことの軸を保ったまま、組織にもプラスになるように生きていきたい。夜は生駒あさみさんと打ち合わせ。（真）

楽しい打ち合わせ。帰りに具合が悪くなってしまい、自分がポンプみたい。（海）

2/14 金

好きな曲を好きなだけ聴けることが当たり前になっているけど、オリジナルアルバムを曲順ごとにちゃんと聴くのはやはり良い。そこに歌い手の「意図」が必ずあるわけだから。井上陽水『氷の世界』の「あかずの踏切り」から「帰れない二人」の流れなんて最高。（真）

歴史をもっと勉強せねば。風刺には笑いが有効だって、ウンベルト・エーコ『薔薇の名前』（東京創元社）にも書いてあったっけ。（海）

## 2/15 土

就労支援の目指す「自立」の本来の目的は「福祉や医療に頼らないようになること」ではないと思う。誰かに、またどこかに頼りながら生きていくために「どれくらい頼ったら良いのか」の「程度を見極めること」が目的ではないか。そしてそれは障害の有無に関わらない。今日は頭痛を乗り越えがんばった。夜は山崎雅弘さんとご飯。山崎さんのフィリピン旅話や現在の状況と今後についてたくさんお話しできた。かぼす館長もすっかり山崎さんに懐いている。（真）

## 2/16 日

「小さな場所」の利点は小回りが効くこと、自分で責任がとれること。全体像を把握できるし、大きな資本がなくても対応可能。分業化された仕事を担うだけでなく、どんなに小さくても良いから自分の場所を持つことは、「手づくり」の楽しさを教えてくれるし、交換価値で測れないものの存在を体感できる。二回目の館内整備。岐阜からユージ氏が、名張からはクボさんが来てくれて、みんなでわいわいペンキ塗りを行った。前回作った棚のところは寝ながら本が読めるスペースに。（真）

閲覧室のペンキ塗り。皆でやると楽しくて早くて感動。甘いもの染む。（海）

2/17月

大阪の本町で『日本列島回復論』（新潮選書）の著者、井上岳一さんとオムラヂ収録。収録前に喋りすぎて、いつもより短くなってしまった。その後、念願の toi books へ。持って帰りたい本がたくさん。（真）

正覚寺でぜんざいをご馳走になる。美味しいな。（海）

2/19水

名古屋にてヨーロッパ史講義。第二次大戦後のイギリス史は社会福祉の歴史とも重なるし、産業革命も含め、良くも悪くも社会を切り開いてきた「人間の力」をみることができる。でも人間は、切り開いてきたものを「縫い合わせる」術について、

あまり熱心に考えてこなかったように思う。(真)

2/20木

また自分がポンプ化。昨年末から一家で闘病記みたいだな。お腹も聴覚も過敏。(海)

2/22土

詩人の西尾勝彦さん、とほんの砂川昌広さんとのオムラヂとほんvol.5。とほんさんもオムラヂも六周年。テーマは「二〇二〇年代の前向きな話」だったが「日本は近代化に失敗したのではないか」という西尾さんの大きな問いと、「よく寝ることが大事」という砂川さんの日常レベルでの目標が、僕の中で「歩く」ことを通じて結びついた。「無意識」「自然」といかに付き合うか。「身体」をどう扱うか。帰りは京終やまぼうしさんたちと大和郡山のイオンでご飯。またまた寅さんの話で盛り上がる。(真)

オムラヂとほん。京終やまぼうしさんと出店ブースにいるのが、なんせ楽しい。(海)

2/23日

小林信彦『おかしな男　渥美清』（ちくま文庫）読了。いやぁ最高！最近はなんでも「男はつらいよ」と結びつけて考えてしまうけれど、渥美清という人を通してみた日本も面白い。小林信彦さんの著作もさまざま読みたい。夜は山崎さんと「パラサイト」観賞。その後はご飯を食べながら感想会。色んな疑問や解釈が飛び出した。帰りはタピオカ屋さんにてタピオカ粉クレープを食す。美味しかったけど、もう若くないことを痛感。苦しい。後悔。（真）

2/24月

奥さんを奈良きたまちへ送迎後、奈良スコーレの宇陀直紀くんと念願のまるかつさんへ。おいしかったし色んな話ができた。「考えすぎない」ためにはどうしたら良いのだろう。どうすれば「ま、いっか」となれるのか。そのためには「面と向き合い過ぎないこと」ではないか。対処するのではなく、その問題が何を問題としているか、考える。同じ方向を向く、とも言えるかもしれない。その方向が分かったら「ま、いっか」と思えるのかも。奈良市内から帰ってきて茂木秀之氏とオムラヂ・

オンラインのテスト。テストと言いつつがっつり喋る。(真)

2/25 火

史跡を掃除。葉っぱを拾っていたら「拾ってくれとんのかぁ」と近所の人が声をかけてくれた。(海)

2/26 水

今夜は磯田和秀さんと現況報告会。話はよく覚えてないけれど、ままならない現実を生きながら、自分の言葉を紡ぎ出そうとしている人と話すことはとても楽しい。磯田さんとは共通するところもあるけど、「人間が好きか嫌いか」という点は大きく違う。だから同じことを違う側面から語り合えるのかもしれない。(真)

2/28 金

二人してダウン。また職場に迷惑をかけてしまった。ダウンの理由はコロナではなく、昨日食べた巨大春巻きによる胃腸へのダメージ。我が家ではこれを「ハルマキドン」と呼ぶことに。フリーランスや自営業の方々と話すと「サラリーマンは気楽な稼業ときたもんだ」がとても分かる。とはいえサラリーマンや組織人の大変さも分かる。だから「どっちもしんどい」のではなく、お互いの良い面を併存させる術を探るべき。「働き方」は自分で探っていかないと。（真）

特大春巻き食べ過ぎて、夫婦でダウン。ハルマキドン。（海）

## 2/29 土

僕の身の回りの人文系研究者は、大学などの教育・研究機関に属している人がほとんど。フルタイムで働きながら研究を続けている人は少ない。一方ZINEを出している人で「職業作家」の人はほとんどいなかったりする。僕自身は、これからは自分の肩書きが「職業」とイコールじゃなくても良いと思っている。頭の右上がチックで気持ち悪い。たぶん何らかのストレス。疲れてくると右耳が聞こえづらくなってきたりもする。茂木ちゃんと、初めての「オムラヂ・オンライン」無事収録終了。「一九八三年生まれのB面史」こと八〇年、九〇年代の比較埼玉史ならびに超個人的ミクロストーリア。浦和と熊谷の違い、カードダス、アウターゾーン、給食、

窓のついたエレベーターなどがキーワード。（真）
夜はタナトス家で、豆乳鍋をご馳走になる。釉薬塗り塗り。（海）

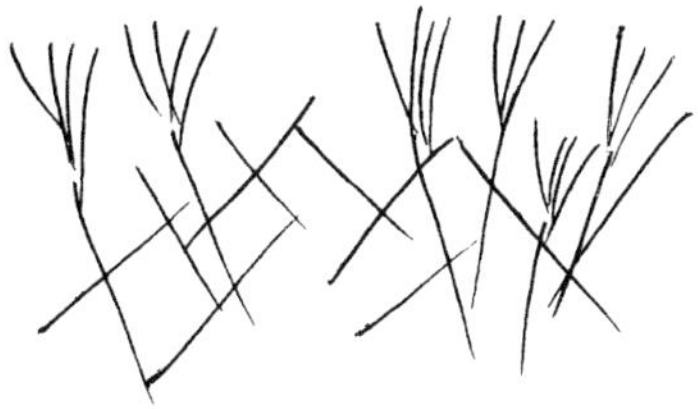

3/1日

通常のオムラヂだけでなく、スカイプで収録する「オムラヂ・オンライン」、歩きながら収録する「オムラヂさんぽ」と派生中。聴いてる人にはどう聴こえているのか、気にしたりしなかったり。昼間はルチャ・リブロの配線関係をやって下さっている松田ご夫妻をお呼び立てして相談。その後カフェ空木さんに『彼岸の図書館』納品。チーズケーキを食す。美味。するとたまたまひがよメンバーズが続々と訪れたので近況報告会。夜はオフィスキャンプ坂本さんとのYouTube「山學TV」の収録。内容はオムラヂと代わり映えしないけど、二人が「まだ見ぬ世界」に向けて試行錯誤している様子を感じてもらえれば。やりたいこととやるべきこと、人間関係や時代、社会や地域。どれが欠けても、バラバラでも、うまくいかない。(真)

3/2月

釈徹宗先生が休館中のルチャ・リブロにご来館。人口減少、高齢化社会における生き方、働き方についてご助言いただく。今度は僕も練心庵にお邪魔したい。五月一六日の名古屋での釈先生とのトーク『彼岸』をめぐる対話」も無事開催されますように。小松和彦、宮田登、鎌田東二、南伸坊『日本異界絵巻』（ちくま文庫）読了。豪華メンバーが日本異界のスターたちを紹介する本書。僕が山學院という「山村のアカデミア」を構想する上で、「山中他界観」への理解は不可欠。山中と異界の組み合わせは、日本にしっかり根付いたものであることを再確認。（真）

大工の中峰さんに相談があり、久々に来てもらう。中峰さんのお話にいつも夢中になってしまう。今日は「虫が全然おらず、ヤモリばかりいる空き家の話」や、天井裏に大きいネズミが出た話を聞いた。杉浦日向子『百物語』（筑摩書房↑はじめに全集で読んだ）みたい。暗くなる前に、フキノトウを取りに橋を渡る。（海）

## 3/3 火

先立つ物の都合上、発行未定の次号の『ルッチャ』を構想。テーマは「山村デモクラシー」。人間中心の人間中心社会ではなく、人間が「世界に遅れて」到着したことを前提とした人間中心社会を構想するためには「山村デモクラシー」が必要だ、という話になる予定。（真）

松田夫妻に電気工事をしてもらって、ニホンミツバチの蜂蜜もいただく。何でも

できてかっこいい。（海）

3/4 水

自宅をルチャ・リブロとして開きつつ、就労支援の事業所を回しつつ、山學院という「学びの場」を準備している今、網野善彦『無縁・公界・楽』（平凡社）を再読したらずいぶん前に読んだ時よりも断然面白い！　まさかこの本を「切実に」読むことになるとは。他人の「自由」を制限して得る我が「自由」は、必ず他人によって制限される。まずはこのスパイラルから抜け出さないと。というか、他人の「自由」を制限しなくても「自由」って得られるんですよ、知ってた？（真）

クリストファー・R・ブラウニング『増補 普通の人びと：ホロコーストと第101警察予備大隊』（ちくま学芸文庫）はよ読もう。（海）

3/5 木

とりあえず「男はつらいよ」を全部観ねばと思い、年始から今日でやっと四一作目。今まで僕は、前田吟氏のことを「前田吟」だとしか思っていなかったけど、多くの日本人は「博」の前田吟だと思っていたことだけ考えてみても、つまり、他の人たちと僕は同じものを見ても全く違う世界に生きていたんだな。夕方から寒気がして具合が悪くなってきたので、すぐに就寝。（真）

### 3/7 土

就労支援の仕事後、夜は茂木ちゃんと「一九八三年生まれのB面史」収録。引き続き「男はつらいよ」を鑑賞中だが、山田洋次監督の凄さは「満男の時代」を表現する際、CHAGE&ASKAではなく徳永英明を選んだところにある（知らんけど）。（真）
正覚寺にお泊まり。井上円了の話になったり、コンプライアンスの話になったり。（海）

### 3/8 日

夜はひがよメンバーズの西岡家に生まれた赤ちゃんのお祝いへ。過疎化していく村において、「移住者」はいかに振る舞うか。これは未だかつて多くの人が経験してきたことではないし、同じように定常型社会における欲望との折り合いの付け方も、少なくとも近代社会に手本はないのだと思う。「獲得する」ことだけが、自己確立の手段ではない。もちろん一手段としては有効だけど、もう一つ「手放す」ことも必要不可欠。何かを得ても人はすぐに変わることはないし、手放しても同じこと。これを繰り返しているうちに、いつのまにか自己「のようなもの」が現れてくる、てなことなのではないかしら。(真)

牛頭天王も疱瘡の神様だし、新型コロナウィルスも祀った方が良いのではなかろうか。家人は基礎疾患もあるし、うちだけでも祀ろうか。(海)

3/10 火

年始から観始めた「男はつらいよ」完走。全作最高。満男編への移行がスムーズでペースダウンしていないのもすごいし、満男編では寅さんの「不在」が、逆に寅さんの存在を際立たせる。満男と徳永英明によって寅さんの時代錯誤感がものすごいスピードで増していき、寅さんが超越性を持ち出す。最高。(真)

3/11 水

午後は休みをもらって京都へ。『彼岸の図書館』を推していただいていた、レティシア書房さんに初めて伺うことができた。店主の小西徹さんと思わず寅さん談義。書棚もじっくり見れて楽しかった。夜はスウィングの木ノ戸さんとご飯。『彼岸の図書館』の感想、言葉と実感のギャップ、スウィングとルチャ・リブロのことなど、話した内容はよく覚えてないけれど、とても楽しかった。（真）

3/13 金

生の素材をそのままアップする僕と坂本さんとの山學ＴＶ。見かねた友人がYouTube っぽく編集してくれた。（真）

3/14 土

今日は土曜日出勤から帰ってきて、消防団の演習へ。覚えねばならないことは覚えねばならない。いろいろなグループ、共同体に同時に属することは、自分の中にあるいろいろな面が否応なしに出ること。それで良いし、その方が気楽な気がする。（真）

### 3/15 日

冬季休館明け、久しぶりのルチャ・リブロ開館日。消毒液などを用意しつつ、ひっそり開ける。家の前がぬかるんでいるので、靴が泥だらけになること必至。早速今年初めての来館者の方が本を借りていかれた。「本を読む」行為が広がることを願っている。今年のルチャ・リブロは寝っ転がりながら、小部屋に篭もりながら本が読める。まだまだ寒い東吉野村。（真）

### 3/16 月

お彼岸前に、雪が降った。水も凍ってて、おくら主任喜ぶ。（海）

### 3/17 火

明日の名古屋でのヨーロッパ史講義は中止。カルチャーセンターはご高齢の方が多いので、やむをえない。しかし人が動かない、物が回らない、この状態が長引くと本当に大変だ。（真）

3/18 水

「何かを信じ続ける」ことが難しい時代だと思う。疫病だけでなく自然災害や世界的な不況によって、いつ職が失われるか分からない。求められるスキルや理想の人間像も変わってきている中で、そもそも、とても不安な状況に誰しもが置かれていることを認めあうべし。そこからしか対話は始まらない。（真）

3/19 木

ルチャ・リブロに大きな棚が来るとのことで、運び込むお手伝いをしてもらう。棚を運び込んだ後、「雨が降るとぬかるむ道の舗装」までしてもらった。有り難や。現場の人間がどれだけ声をあげても上の人間はその声に向き合わず、実際はその中に誰もいないバーチャルな「全体」の利益を最優先してしまう。ただただ下の人間の声が聞かれない状況が続いていく。「全体」がどれだけの顔から構成されているか。小さかろうが大きかろうが、どこも組織は同じようなものなのか、と思うような事案が多い。（真）

天井裏の住民（入り込んだ何らかの動物）が夜に小用をしたので、トイレシート

貼ったりてんてこまい。なんで姿が見えない子の世話を焼いてんだろ。（海）



3/20 金

明日からの山崎さんとの鳥取行に向けて、エンジンオイルを交換したり、必要なものを買い出しに。道中考えることは明日のトークテーマ、「理想郷」のこと。ふと、ユートピアのことは考えないけど、ディストピア小説は好きだなと思い立つ。夜は、三月七日に開催予定だった本屋ロカンタン、萩野亮さんとのトーク、「自宅が図書館」＆「自宅が本屋」対談――ぜんぶ、「近代」のせい――のプロローグをオンラインにて収録。（真）

3/21 土

「だって決まりだから」という思考停止を、状況がそぐわないのに続けることは、すべからく現場を破滅に追い込む。この行為をやめるためには「命令を聞かない」ことしかない。そして「命令を聞かない」ためには、組織を離れても問題がない経済的、精神的状況を準備しておく必要がある。身につまされる。汽水空港さんに行く道中で立ち寄ったあわくらんど。奥さんの話で前々から聞いていたので、ついに来れた感。ちくわがうまかった。「ユートピア」を巡るトーク、とても楽しく終了。モリさんの思想と実践には刺激を受けた。オムラヂリスナーの方もいて、楽しい夜。（真）

鳥取への旅。汽水空港さんは、すばらしい本屋さんだった。（海）

## 3/22日

鳥取市内にある定有堂書店さんに立ち寄ってから、タルマーリーさんへ。美味しいピザやコーヒーをいただきつつ、渡邉格さん、麻里子さんとがっつりお話し。夜に帰宅。楽しい旅だった。（真）

タルマーリーさんへ。美味しいと幸せ。山崎さんとの旅は無理せず楽しくて、不思議なくらい。汽水空港さんもタルマーリーさんも、「才気溢れる力強い人が、田舎に引越した」という印象。一方私たちは、持たざる人の引越しといった様相。力強い人もヘロヘロな人も、どっちも自分なりに楽しく暮らせるんだと思ってもらえたら良いな。（海）

3/24 火

ルチャ・リブロ開館日。仕事を休んで在館。新潟から野呂さん、井上さん、吉野さんが来てくれた。またもや「男はつらいよ」の話をしてしまったが、なんと吉野さんのお名前があの「さくら」から来ていることにびっくり。（真）

3/25 水

就労支援の仕事で疲れ果てた後、磯田さんと読書会。山口昌男『文化人類学への招待』（岩波新書）を肴に、主に交換と両義性について語り合う。仕事で疲れていてもこういう時間があると復活できる。（真）

3/26 木

「差別的発言を繰り返す竹田恒泰氏を批判した山崎さんが訴えられた」件を支援することは、「表現の自由や言論の自由が守られる場」を確保するための闘いだと思っている。今きちんと表明しなくては、後の時代を生きる方々に顔向けできない。そんな思いで山崎さんを支援。（真）

3/27金

ルチャ・リブロ司書、今日の一言。「ソースにあたれ。孫引きやめろ。」（真）

3/28土

水道管破裂により臨時休館。すごい水溜りが出来ていて、朝からちょっとした土木工事。とりあえず水の流れを調整した。夜はオムラヂ・オンラインにて茂木ちゃんと「一九八三年生まれのＢ面史」第三夜を収録。今回はゲームやラジオ、雑誌のことをぼんやりと。お互いのパーソナリティや文化との接し方などを考察。ホームベーカリーを購入。（真）

3/29日

翻訳家で研究者の栢木清吾さんがルチャ・リブロに来館。「研究」に対するスタンスや活動の方向性、関心など非常に共感。共闘を決める。（真）

奈良 蔦屋書店さん、京終やまぼうしさんでのイベントも、中止や縮小へ。（海）

3/30 月

志村けん氏が亡くなった。最近「8時だョ！全員集合」を観ていたので、大変ショック。全員集合は毎回生放送だったことを考えると驚愕。舞台上での志村けんの「自由度」がすごいし、なによりシャウトが最高。（真）

家人が勉強中の、社会福祉士養成の教科書をたまに読む。「ボランティアは、しばしば動員になってきた歴史がある」というようなことが書いてあって、頷く。前提やらがかなり図書館と近い。ふと、ますます「買い占める」と逆ベクトルに走ろうと思った。（海）

3/31 火

通信で通っている社会福祉士のレポートをなんとか完遂。PDCAサイクルとかファシリテーターの概念を知ることは、これはこれで勉強になる。別に皮肉ではなく、世の中これで回っていることを知らないと「騙されやすく」なる。非常時における国や都の口ぶりを見るに、「自己責任論極まれり」というのを感じる。差し迫った国民の生命の危機に税金を使わないで、一体何に使うのか。そもそも国民ではなく「お友だち」しか見ていないのだろう。自分の力で総理大臣や知事になったから、税金を自分のために使って何が悪いってことなのか。（真）

一般の方が家で本読むにも、「こんな時だからこそ」って付けないといけないもんじゃろうか。（海）

●山學日誌登場人物相関図●
新登場の方を中心に（敬称ほぼ略）

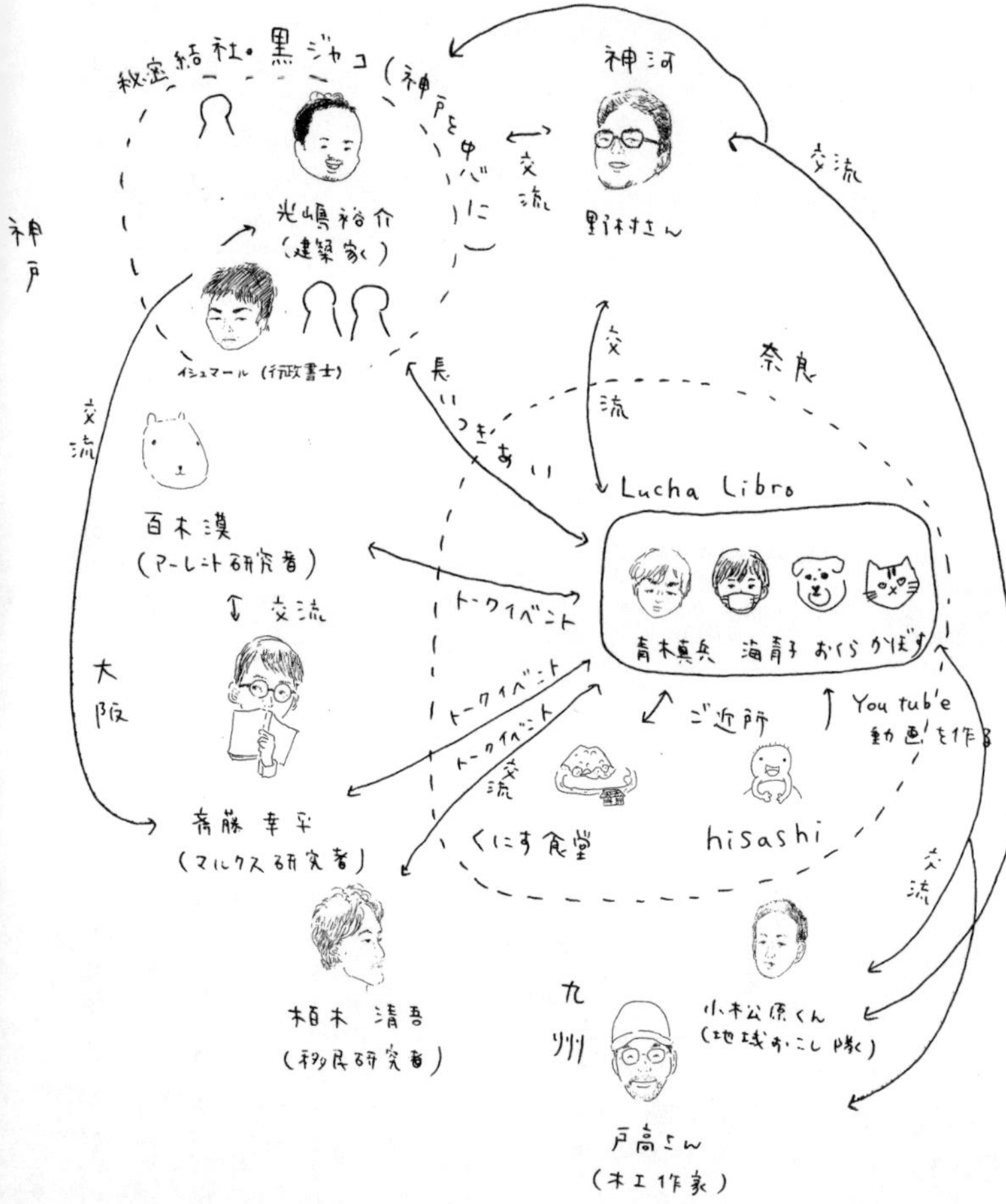

4/1水

先月一八日に、一つ前の電車が人身事故で止まった。その日に各地で同様の事故が、七件もあったと後からニュースで知った。（海）

4/2木

「マスク二枚への批判」について「全文を読んでから言え」という擁護は、そもそも現金給付しないと立ち行かないという話を、マスクの話題に矮小化している。「権力への批判」の擁護も同様に、「がんばってるんだから」という属人レベルへの矮小化は、全く本質とズレている。（真）

4/3金

就労支援の仕事。日々増大する新型コロナウィルス感染者情報による不安は、職員、利用者関係なく影響している。守りを固めることも大事だけど、これを契機に従来の慣習をそもそもから問い直して、明日に備えたい。キーワードは「分散」。（真）

村の大工・中峰さんが来てくれて、根太や建具を替えてくださった。庭に小さな門もできた。中峰さんが休憩中に、その辺にあった蔵書、三谷一馬『江戸職人図聚』（中公文庫）を読んではる姿がかっこよかった。『彼岸の図書館』をプレゼントしたら、後から、中峰さんの奥さんからお礼の電話をもらう。（海）

4/4 土

やっとこさ、H.A.B松井さんの『どこにいても本屋』を読み始める。日記なのだけど、冒頭から松井さんの「めんどくせぇ性分」が炸裂してて最高。現在休館中のルチャ・リブロ。お馴染みの大工さんにお願いして、根太や大引を替えていただいたり、建具もリニューアル。（真）

4/5 日

家でゆっくり。とある私設図書館の選書をする。無意識にバリバリ選んだのだけど、揃ってみるとしっかり「ルチャ・リブロ印」が入っている。（真）

土曜までで、京終やまぼうしさんと沢山相談した焼き菓子販売&ちょろっと展示、終わる。色々染み入る。吉岡さんは稀有な人。タナトス家と少しだけ会って話した

り、夜には尾鷲の濱野さん達とスカイプで話す。顔見て話せると元気でる。（海）

4/6月

夜はH.A.B松井さんと打ち合わせ兼オムラヂ・オンライン収録。大変だねぇという話や、これからのワクワクする話をした。「考え続けねばならない時代」が否応なくやってきた。とはいえ、個人がいくら考えてもどうにもならないことはあるので、きちんと声をあげることも重要。その時は一人ではなく複数で。（真）

H.A.Bの松井さんとスカイプでオムラヂ収録。安定感。（海）

4/7火

山からスカウトしてきたマンリョウの木が、根づいてくれた気がする。庭のハクモクレンが咲きそうで、昨年お客さんが「木をじっと見ていたら、だんだん咲いてきた！」と教えてくれたことを思い出す。（海）

4/9木

就労支援の仕事。在宅訓練を行う仕組みづくりを急ピッチで進めている。在宅は合理性を追求するけれど、人は合理性だけでは生きられないことを逆に知った。動くこと、動かないこと。実現可能性はひとまず置いておいて、「理想の働き方」をじっくり考える機会にしたい。最近夕飯を食べる時くらいしか楽しみがないので、餃子だったりお好み焼きだったりアヒージョだったり、夕飯にちょいとエンターテインメント要素を入れている。(真)

4/10金

家人が作ったパンが美味しい。食事に賭ける思いが、入院時と似てきた。朝日新聞デジタル、前から読みたかったコラム「妻はサバイバー」を読む。後、トーチで「自転車屋さんの高橋くん」最新話読んで泣いた。(海)

4/11土

夜は磯田さんとオンライン読書会「二人だけの人類学研究会」(勝手に命名)を開

催。磯田さんの師、小田亮「アクチュアル人類学宣言！ 対称性の恢復のために」（『社会人類学年報』二〇一四）を読む。当たり前だけど、人類学者のために書かれた論文を読むためには人類学的素地が必要。『H.A.Bノ冊子』で連載中「山學日誌」のうち「二〇一九年分」に手を入れる。当時から都市での人口集中に疑問を呈していて（みんな言ってるけど）、改めてそうだよなと。僕たちができることは、いつでも疎開できるように文化的インフラを整えておくこと。そのための「地ならしエッセイ」も書き書き。横で寝ているかぼす館長を横目に、スター・ウォーズ「フォースの覚醒」を観終わる。とても面白かった。映画館で観るのも良いけれど、家でわーきゃー言いながら観るのも良い。映画って本当に良いものですね（ナチュラルに出た）。外はすごい風。（真）

## 4/12日

夜は福井の本屋さんHOSHIDOの佐藤さんとオムラヂ・オンライン。『はしはうたう』制作の裏には、三国志があったとは。終わってから「スター・ウォーズ 最後のジェダイ」を鑑賞。やはり宇宙酒場は最高。（真）

坂本大祐さん、太田明日香さんとzoomで話す。『彼岸の図書館』対談メンバー、何人かで話せると良いねとか、中国の徹底したコロナ対策の話や、今の情勢が佐藤優『自壊する帝国』（新潮社）に何だか似てきた話や、なども。夜は「スター・ウォーズ最後のジェダイ」。女性の役職者とか増えたなぁ。（海）

**4/13 月**

明け方、雷で地響きがして皆起きた。（海）

**4/15 水**

日々更新される情報とそれへの対応を考えていて、いい加減疲れてきた。日常を取り戻したいのだけれど、そもそも僕らの「日常」とはどんなものだったのだろう。実は「なんでもあり」で、「持続不可能」なものではなかったか。たぶん「元どおり」にはならないだろう。新たに「日常」を手作りする時が来たのだと思う。（真）

4/16木

首都圏の医療現場に勤める方が書いたブログ（「医療の現場から」四谷三丁目）を読む。「福祉国家に税金を納めているとそれでも信じていたのに。本当に『黙っていたら殺される』と真に恐怖を感じ始めている」との記述に、大きく頷く。（真）

4/17金

建築家の光嶋裕介さんの呼びかけで再開予定「黒ジャコ」の打ち合わせ。リターンズとして本格始動の予定。（真）

4/18土

ひがよは雨。仕事が休みなので家に閉じ籠もる。パンを焼いたりジャムを作ったり、「黒ジャコ・リターンズ」の課題本（宇野常寛『遅いインターネット』（幻冬舎））を読み進めたり、滞ってる原稿に着手する。夜は茂木秀之氏と「一九八三年生まれのB面史」をオンライン収録。昨今のコロナ禍のせいで、スカイプでのオムラヂ収録（オムラヂ・オンライン）に拍車がかかる。最近は二本同時配信中。レギュラーメ

ンバーや初めての方々まで、いろんな人に出てほしい。（真）

4/19 日

昨夜の茂木ちゃんとの「一九八三年生まれのB面史完結編」は、思わず九〇分のロングバージョンに。僕たちが「当たり前」と思って育ってきた九〇年代という時代を、「個人の物語」とともに、イリイチ的な「近代への眼差し」から検証していこう。しかし「サテラビュー」って久々に聞いたけど、あれは何だったのだろう。（真）

4/20 月

「人だかりができること」に依って立っていた現代社会。「大通り的世界」がことごとく後退を余儀なくされている。これからは「脇道的世界」の時代だ。ぐるなびに載っていなくても、自分の直感で暖簾をくぐる。思っていたのと違っても、それを味わう。昔だって、面白くないゲームでも繰り返しプレイしてたもの。（真）

4/21 火

しかしこの国を愛するとは、何があっても「現状を肯定する」ことなのかね。(真)

4/22 水

今週から在宅勤務を事業所のメンバーと交代で始めている。とはいえ目的は「在宅勤務」ではなく、「感染（する、させる）リスクを下げること」にあるから、事業所への距離などで職員ごとに「在宅日数」は異なる。「在宅日数が異なるなんて不平等だ」という意見が出る前に、社会はすでに変わり始めている。(真)

4/23 木

夕書房の高松さんと「今読むべき本」について話す。なんらかの形になるのか、ならないのか分からないけど、お楽しみに。今夜は内田樹先生とオムラヂ・オンライン。テレワークをしたり、志村けんが亡くなったり、自粛を給付なしで要請されたり、民主主義を一から考える機会が急に迫ってきたり、今年の初めには想像もつかなかった今の状況について、内田先生に伺った。(真)

## 4/25 土

しばらく休館中のルチャ・リブロ。『関西文系散歩』（京阪神エルマガジン社）に掲載。最高の写真は我らが西岡潔さん。午後から自主勉強会「黒ジャコ・リターンズ」をオンラインで。ほぼ十年近く前、午前中は黒ジャコをして午後はフットサル、夜は温泉とモツ鍋だったあの頃が懐かしい。十年前は小熊英二『社会を変えるには』（講談社現代新書）から始まった黒ジャコだけど、今回は光嶋さんが『遅いインターネット』を紹介してくれた。（真）

## 4/26 日

息苦しいのは分かるけれど、この時期でも相変わらずツーリングなどで走り回っている方々が。「来たことを後悔させる」（@岡山県知事）発言が飛び出しているが、国が命を守ってくれない以上、地方分権を飛び越えて戦国時代化が進まないとも限らない。少なくとも岡山県知事の発言は、地方に住んでいると理解できてしまう。夜は奈良蔦屋書店でのイベントが延期になった、生駒あさみさんとオムラヂ収録。ユニット名「生駒あさみとルチャ・リブロ」（仮）の活動は続く。（真）

4/27 月

先日から井上順氏がTwitterを開始。当然フォロー。お世話になりました。昨夜からお腹を壊してしまったおくらくん。夜中は三十分おきに一緒にトイレへ行ったので、お互い全然眠れず。今日は少し回復して安心。昼間、オフィスキャンプ坂本さんと山學院の打ち合わせをオンラインにて。若林恵編『NEXT GENERATION GOVERNMENT』（日経MOOK）を下敷きに。（真）

4/28 火

劇団ノーミーツの「ダルい上司との打ち合わせ回避方法」が面白い。（真）

4/29 水

山學TVの編集者hisashi氏セレクションのオムラヂがYouTubeにアップ。積極性が嬉しい限り。今日はいい天気で奥さんは茶摘み。僕は朝からオフィスキャンプ坂本さんとhisashi氏と打ち合わせ。それから社会福祉士のレポートを書いたり、読まねばならないビジネス書をばばば。エクセルとビジネス書に魂吸い取られるタイプの人間だけど、これはこれでがんばろう。といいつつ、ブレイディみかこ『ぼくはイエローでホワイトで、ちょっとブルー』（新潮社）を読んでしまう。あぁ面白い。おくらはまだお腹を壊している。心配。（真）

4/30木

床下で闖入者が大騒ぎ。出られなくなったらしい。おくらもかぼすも不安そう。今夜もゆっくり眠れなさそう。『彼岸の図書館』が二刷りに。ありがたや。（海）

5/1金

「夕書房通信」第1号が面白い。夫婦放談「COVID-19の最中に何を読む？」が収録されている。（真）

5/2土

オンラインづくしの一日。朝から就労支援の休日イベントを開催。昼から内田樹先生と坂本さんと山學院トーク。夜は高松さんとノムさんとイベントリハーサルと称してガッツリ話す。その後、茂木ちゃんとロカンタン萩野さんと「九〇年代B面史」収録。大いに盛り上がる。（真）

5/3日

『彼岸の図書館』にも登場、茶匠の野村さんと「ビジネスのこれから」というテーマでお話し。もちろん「この機に乗じてどう金儲けをするか」という話ではなく、「いかにみんなで生きていくのか」という話。全国各地から参加者あり。しかし参加者のみなさんのリアクションが見えない中で話すのはなかなか難しい。珍しく、

なんとも言えない不安な気持ちに。（真）

5/4 月

だんだんお腹の調子も回復してきたおくらくん。今日はZoomで鳥取の義兄ファミリーと名古屋のコジファミリーとお話し。ちびっこ達のパワーはまさに「自然」そのもの。大いに元気をもらうとともに、圧倒される。ルチャ・リブロ、棚を改めて整理中。分類を変えたり、スペースは有限なので涙を飲んで本を選別。とりあえず、いったんプロレス棚を構築。新しい掃除機も購入！　届くのが楽しみ。まだ質問があるのに途中で切り上げる安倍首相の記者会見に激怒。次の予定があるのなら、なぜそれを逆算して記者会見のスケジュールを立てないのか。もしくは本当に国のトップの自覚があるのなら、在宅ででも「オンライン記者会見」で質問を受け付けるべき。まずは自分がテレワークしなさいよ、と。（真）

5/5 火

九州に行く小松原くんたちと「初期Ｊリーグ」を語る回、オムラヂ収録。ぼんや

りした記憶と「チームの系譜」の話が面白かった。（真）

5/6 水

年を重ねて益々ステキになっていくのは玉置浩二と氷川きよし。今日はオフィスキャンプ坂本さんとミーティングという名のべしゃり会。最近毎日のように打ち合わせしている。山學院は「山村のアカデミア」パーツと「ひがよデザインセンター」パーツがあり、各々微妙にアプローチが異なりつつ、同じ方向を目指している点が面白い。一気に形にしていこう。（真）

ヤマシタトモコ『さんかく窓の外側は夜』（クロフネコミックス）を読み返す。「自分を善良な存在だなんて間違っても思うな」ほんとに。（海）

5/7 木

近隣遠方のお客さんからちょくちょく連絡あり、ほっとする。（海）

5/9 土

ル茶、収穫中。『ルッチャ』第四号、夏あたりの刊行を目指している。テーマは「言葉とデモクラシー」。既に社会に存在する「道具としての言葉」を使うのではなく、自分の心を具現化したような言葉で対話をしたい。そんな機関誌になる予定。数年ぶりにブログを更新。図書館は「成長する有機体」と言われるけれど、ルチャ・リブロは「成長したりしなかったりする」有機体を名乗っている。（真）

5/10 日

一貫して不誠実。みんなが本当に大変な時、自分（とお友達）のことしか考えていない人間が国のトップにいる。このことが明らかになったここ数ヶ月。と同時に「おかしいことはおかしい」と声を上げれば社会は変わるかも、と少し思えたここ数ヶ月でもあった。明らかにおかしいので「#検察庁法改正案に抗議します」とツイート。（真）

日々茶摘み。寝る前の散歩に出たら、おくら主任が鹿を見つけてパニックに。追いかけようとリードを引っ張るので、膝をついて止めた。鹿は遊んでくれへん。（海）

5/12 火

体の金属入っているところが色々痛く、ずっと床の間で寝ていた。シャーウッド・アンダーソン、上岡伸雄訳『ワインズバーグ、オハイオ』（新潮社）ゆっくり読めた。ワインズバーグの住人になれそう。（海）

5/13 水

今日も一日がんばった。周囲ではコロナ禍へのバタバタした対応がいっとき落ち着いてきたように見える。ホッとした時こそ気をつけねば。片足を踏み外すというか、慌しさにかまけて、今まで見ないようにしてきた部分が表れてきそう。早く寝たい。（真）

ご近所さんが来てくれて三時間ほど開館。（海）

5/14 木

検察庁法改正案の強行採決について、自民党の泉田議員から大仁田厚氏まで真っ当なことを言っている。（真）

伏せっていたせいで、一週間過ぎるのがはやい。松井さんより『山學ノオト』の構成案届く。気づけばメメントモリっぽいことばかり書いてるので、メメントモリゾーに改名しようかと思案。(海)

5/15 金

ロイヤルホスト大量閉店の報を聞く。近々行ってなかったから何も言う資格はないかもしれないが、寂しい。ファミレスの中でも落ち着いている雰囲気があって、一番好きだった(トマオニはトマオニで好き)。昔、国道一七号沿いの浦和常盤店に家族で何度も行った思い出が。お手紙を選書でお返しする「ルチャとほん往復書簡」を開始。(真)

知人のところのちびっこ達が、『彼岸の図書館』の挿絵見て「おっくんだぁ」と言ってくれていたらしい。(海)

5/16 土

釈徹宗先生をお迎えしたオンライントークイベント。「ウィズコロナ」時代における「彼岸」を考える、というテーマだったが、聖地巡礼、彼岸、ウィズコロナの時代についてなど、たくさんのお話が伺えた。やはりみんなの顔が見えた方が話しやすい。(真)

5/17日

定職を持つ人間といつまでもフラフラしている人間という、二項対立で語られてきた戦後社会。どちらかを選ばざるを得ないのではなく、どちらも自己の中に持てる社会が生きやすいのではないか。二つの世界を「行ったり来たり」するという意味で、字義通りの「渡世人」が求められている。今日は山學院オンライン打ち合わせ。コロナのせいで基本自宅にいる坂本さん。打ち合わせ中、外でおくらくんが妙に吠えているので見てみたら、大きなアオダイショウが。屋根裏、床下含め、動物の気配が増大し、勢いに飲み込まれそうなルチャ・リブロ。(真)

5/18月

同年代で最も信用できる、荻上チキ氏と武田砂鉄氏。むしろこの二人が同年代にいてくれて良かったとすら思う。(真)

5/20 水

ザ・ベストテンの過去の映像で、黒柳徹子と久米宏がきちんと人種差別に抗議していることに勇気をもらう。といいつつ、シャネルズ自体は普通に受け入れられていたわけだけど。（真）

5/21 木

かつて文化放送で流れていた「新・みんなの寅さん」をYouTubeで聴いていて、「男はつらいよ」第一七作に出演していた岡田嘉子さんの存在を初めて知った。二〇世紀を縦横無尽に駆け抜けたような、すごい人生。ご著書も読んでみたい。（真）

ルチャとほん往復書簡に、丁寧なお便り。郵便局の帰り、近所のおばちゃんと立ち話。（海）

5/22 金

人の移動が激減したせいか、やはり「自然」の勢いがすごい気がする。先日のアオダイショウに続き、今日も何者かが家の玄関までやってきていた。心なしか夜に

聞こえる声の種類が多い気がする。（真）

5/23土

山學院オンラインのプレ。オンラインなりの工夫ができそうな感触。（真）

おくら主任が沢山食べられるようになってきて、お尻プリプリ。（海）

5/24日

午前中は『彼岸の図書館』をきっかけに、ご連絡をくれた研究者の方と打ち合わせ。新たなことが始まりそう。草刈り終え、その間待っていたおくらと遊ぶ。しかし草刈りの終え期を間違えたのか、二人して負傷。妻は顔と首、僕は足。しばらく大人しくしていよう。（真）

庭木を剪定していて、不注意で2.5mくらいの土手から河原に落ちた。草刈りしていた家人が、駆けつけようとして転んだ。何なら家人のが重症。ごめん。（海）

5/26火

現代は「逃げ延びる」ことが極めて難しい時代だと思う。本来「逃げ延びる」ことは生存戦略上極めて重要な選択肢のはずだけど、なぜ人はそれを選べないのか。どうしたら選べるようになるのだろう。（真）

5/27水

ご縁と時代に振り回されながら生きていこう。「今までのことが無駄になるから云々」という思考は捨てたい。てなことを、浅田彰『逃走論』（ちくま文庫）を読みつつフト思う。あ、百田尚樹氏が『逃げる力』（ＰＨＰ新書）って書いてたな。例の「死ぬこと以外かすり傷」ってのも、すぐ逃げろって話なのかな、違うのか。『逃走論』のおかげで、やっとドゥルーズを読む糸口を掴めたかも。今村仁司さんの著作も読みたい。（真）

5/28木

週末の黒ジャコのためにブレイディみかこ、松尾匡、北田暁大『そろそろ左派は

〈経済〉を語ろう』（亜紀書房）を読了。寅さんとの接点がバシバシ。僕の中でマルクス周りのことは、すべからく寅さんに結びつく。この感覚を言葉にしていこう。少なくとも言えることは、「男はつらいよ」と新自由主義は噛み合わないってこと。今年に入り急に「男はつらいよ」を最初から見続けているのだが、それは何も「寅さん」に日本人の理想像云々を見出したわけではない。そこには時代を映すドキュメント的要素があったり、日本社会特有（？）の病理が詰まっていたり、柴又を社会モデルで見てみたり、色んな角度から見ることができるのだ！（真）

お客さんが物理的には意味のない門を、「象徴的で良い。開いてると招かれてる感じがする」と言ってくれた。（海）

5/29 金

明日の黒ジャコの準備、やっとこさ終了。『そろそろ左派は〈経済〉を語ろう』の骨子を自分なりにまとめてみた。しかし「流動性のある社会」って難しい。「社会流動性の強調は、貧困から脱出する道は示すかもしれないが、貧困をなくすことではない。」（ブレイディみかこ）って言われちゃあね。「男はつらいよ」で寅さんが家出できるのも、柴又という地域、とらやという家があるから。「逃げたら終わり」という社会は全く健全ではなく、「何度でもやり直せる場所」があることが「逃げる」を可能にするのかも。（真）

### 5/30 土

第二回黒ジャコ・リターンズ。『遅いインターネット』に続き取り上げたのは『そろそろ左派は〈経済〉を語ろう』。建築家、経営学者、行政書士、クイズ王とともに侃侃諤諤。むちゃ面白い！　勝手に書籍化を目指そう（言うだけタダ）。次回は『FACTFULNESS　10の思い込みを乗り越え、データを基に世界を正しく見る習慣』（日経ＢＰ）を取り上げる。（真）

### 5/31 日

今日はルチャとほんについて、そしてかぼす館長が主役の取材（まさか！）の計二件。気持ちの良い取材に感謝。引き続き「逃げる」ことについて考え中。国民国家や定住を前提に制度や常識が組み立てられているからこそ、移動することが奇異に

見られるし良くないことにされるのかも。（真）

取材してもらう日。かぼちゃんは人前では抱っこを拒んでしゃんとしていたのに、皆が帰ると膝にべったり。（海）

6/2火

一つ書類をざっと記載。人からの評価を気にしろって社会は言うけど、そんな考えても分からないものを気にするより、やっていて「嫌じゃないかどうか」を自分の身体に聞いた方が良い。もちろん嫌なこともやんなきゃならないから、程度の問題としてだけど。（真）

6/4木

昼はお客さんがご来館。栢木さん、高松さんと打ち合わせ。逃亡奴隷、避難経路、出エジプト記。サンドロ・メッザードラ『逃走の権利』（人文書院）ふせん沢山。（海）

6/6土

栢木清吾さんとのオンライントーク。都会の環境が合わなくて「国へ帰る」歌、Midnight Train to Georgia が好き。もうみんな一抜けよう、帰ろう、忙しい世の中から降りちまおう。逃げ出すことは「別の世界に行って戻ってこない」ことではなく、自分自身の「世界との対峙の仕方」を変容させることだ。そして逃げること

はその世界にNOを突きつける、主体的な行動でもある。もうみんなでどんどん逃げ出そう！　避難は共助だ。（真）
昼間はなんとなく開館。栢木さんとのトーク面白かった。約束の地。レイルウェイ。それぞれの避難経路。（海）

## 6/7 日

良い天気。良すぎて暑い。まず草刈りをば。太陽と埃の中で。追いかけて追いかけても、つかめないものばかりさ。夜はタナトス家でさまざま焼いた。（真）

## 6/8 月

アメリカ文学研究者、白岩英樹さんに恐れ多くも、ルチャ・リブロが伊藤比呂美さんや桑原武夫先生と同じ水系にあることを示していただく。（真）

## 6/9 火

ビジネス書を読まないで済む人生が送りたい。（真）

6/11木

最近選書する機会が増えた。お題をもらい、ルチャ・リブロの蔵書から選ぶ。とはいえ蔵書には限りがあるので「本を選ぶ」ことよりも、お題の解釈と蔵書のやり繰りに注力する。「本を選ぶ」に囚われると、ネット検索に勤しんでしまう。それよりも、常に蔵書の参考文献から「掘っておく」ことが大事かと。（真）

6/12金

としまえん閉園のニュース。一つの時代が終わる。（真）
梅雨で二人とも不調。相変わらず顎と、首の左側と額がなんか変。梅を収穫せねば。（海）

6/13土

次回の『彼岸の図書館』オンライントークのゲスト、経済思想史家の斎藤幸平さんと打ち合わせ。短い時間だったけど、間違いなく面白いトークになる確信が。今度刊行される、鷲尾和彦さんの写真集『Station』（夕書房）に寄せる選書のコメント

を考える。現代的なテーマを扱いつつ、文明誕生以降に存在しつづけた普遍的風景を映し出す、素晴らしい写真集だと思う。（真）
夕書房さんの新刊『Station』から想起する本を選書、コメントを書く。どんな本も結びつくような気がしてくる。（海）

## 6/14日

今日は久しぶりに奈良市内へ。絵本とコーヒーのパビリオンさんでお茶した後、とほんさんへ。前から欲しかった、バートランド・ラッセル『怠惰への讃歌』（平凡社ライブラリー）とルイス・ダートネル『この世界が消えたあとの科学文明のつくりかた』（河出書房新社）を購入。資本主義社会の向こう側、「彼岸」の構築に努めよう。今月から名古屋のカルチャーセンター講義が再開。完遂できていなかった昨年度分、八〇年代以降のイギリス社会について『そろそろ左派は〈経済〉を語ろう』と『イギリス現代史』を合わせ読んで準備を行う。〇〇年代以降の日本社会の在り方もよく分かって面白い。この二冊を併せて読むことの面白さは、福祉国家の変遷がいかにして起こったか、というイギリス政治・社会史の理解はもとより、ブレア政権へ

の評価の違いに気づけることがあげられる。この点がブレイディさんの本が「面白い」とされる一因かと。（真）

モーリス・センダック『まどのそとのそのまたむこう』（福音館書店）を買い直す。幼い妹がゴブリンに連れ去られたと知って、「私が目を離したから」とか思わず、ゴブリンに即激怒する主人公。それで良い。不条理に向き合う瞬発力すごい。（海）

6/16 火

今日は久しぶりのルチャ・リブロ開館日。また来週から短縮で平日のみ開館予定。今週末にひっそりと訪れる、宮崎県都農町。なぜ都農町なのか。その全貌を知りたい方はぜひオムラヂをば。（真）

久々、いつもの開館。ケイン樹里安・上原健太郎編『ふれる社会学』（北樹出版）面白い。（海）

6/17 水

三ヶ月ぶりに名古屋にてカルチャーセンター講義。主にサッチャー、ブレア時代の政策がもたらした「成果」について解説。この文脈では映画ケン・ローチ「わたしは、ダニエル・ブレイク」はマスト。みなさんお元気そうで安心。財布を忘れ、喉カラカラ、お腹ペコペコで帰宅。（真）

6/18 木

山田洋次「男はつらいよ」二周目を引き続き見る傍ら、「わたしは、ダニエル・ブレイク」、是枝裕和「万引き家族」をやっとこさ鑑賞。その勢いで森田芳光「家族ゲーム」も。どれも面白い。（真）

夕方のお散歩。鹿が川で水を飲んでいるが、鹿もおくら主任も互いに気づかない。「人と犬がいるよー」と騒いで、はじめて気づかれる。斎藤環さんのnote「人は人と出会うべきなのか」に頷く。ウィルス関係なしに人と会うこと自体に慄く自分がいる。（海）

6/19 金

「わたしは、ダニエル・ブレイク」では、ダニエルを外部資金獲得によって価値づけられる研究者の姿と重ね合わせてしまった。資金調達は必要だが、それだけで価値を測られてしまうと身も蓋もない。ということを、今後とも世界の片隅で叫び続けたい。それぞれがそれぞれの差異をできるだけなくして「一体になる」ことを目指す社会に、どうも馴染めない。お互いが差異を認め合うためには、「ある程度の距離」が必要。近づいたり遠ざかったり。日によって人によって、「ある程度の距離」が異なるのは当たり前。だから失敗もするし成功もする。（真）

成田美名子『花よりも花の如く』（白泉社）一五巻読んだら、巡礼に行きたくなった。（海）

6/20土

『彼岸の図書館』では蔵人として登場した小松原くん。今は都農町に移住し地域おこし協力隊として、サッカークラブの運営に携わっている。研究テーマと関連があるとのことで、神吉さんも一緒に宮崎県都農町にひっそり到着。チャゲアス、定期的に聞き返してしまうベスト3は「On Your Mark」「You Are Free」「vision」かな。次点には「river」。（真）

6/21 日

昨日はJ.FC宮崎の選手や都農町役場の方々に、山村に住み自宅を開いて図書館活動をしながら就労支援、研究活動もしているという観点（なにそれ？）から、「働くこと」について話題提供。ディスカッションも大変勉強に。社長も最高。小松原くんが期待されている様子が分かり一安心。都農ワイナリーのテラスにてオムラヂ収録。石原さん、小松原くんも新たな試みにチャレンジ中。定期的に連絡を取り合いたい。都農駅で神吉さんとも別れ、大分で戸高さんと合流して由布院へ。中谷健太郎さんと再開。（真）

昨夜はかぼすさんが定期的にみぞおちに乗ってきた。肌寒かったし、家人がいないから寂しかったのかな。開館中、刺繍しながらオトフリート＝プロイスラー『クラバート』（偕成社）読む。（海）

6/22 月

めちゃくちゃいい天気。大分の戸高さん家で目覚める。南小国町のシェアオフィ

ＳＭＯＧに行き、夕方の飛行機でひがよに戻る。中谷健太郎さんとのお話しから、ルチャ・リブロのミッションが見えてきた気がする。ポストコロナの時代に安心できるコミュニティが立ち上がるためには、「時間軸を拡げて」おくことが重要。そのためには本が必要不可欠。（真）

6/23 火

実は僕たちの土着という概念は、マルクスの疎外と類的存在がキーワードになっている。今度のイベントでは斎藤さんにヒントをいただきながら、「人間的な生き方を取り戻す方法」についてお話ししたい。（真）

交互に木に登って、梅の実収穫。靴下忘れてブトに刺された。（海）

6/24 水

開館してもお客さんまだ少なく、開けながら茶摘み。今年は冬もル茶を飲めるくらい、収穫できたらいいな。身体に合ってるのか、ル茶が一番美味しく感じる。（海）

6/25 木

例年より蛍が飛んでいる気がする、ルチャ・リブロ周辺。明日の朝日新聞の朝刊（地方版）に「ルチャとほん」の記事が出るとのこと。（真）

6/26 金

白井聡『武器としての「資本論」』（東洋経済新報社）が大変面白かった。現代社会の本質に触れることができるとともに、大事なことは各人が自身の「必要」に意識的であることに気付かされる。僕が言うところの、各人が自分の「ちょうどいい」に自覚的な社会こと、「ぬるい社会」に通じる。ポストコロナは「ぬるい社会」だ。（真）

6/27 土

午前中、山學オンライン収録で須永剛司先生と初めてお話し。午後は黒ジャコ・リターンズをオンラインで収録。イシュマール謙二郎氏の担当で『FACTFULNESS』について語り合った。午後にはコジさん一家が立ち寄ってくれ

て、ほっこり。一歳半の息子氏も元気でかわいかった。子どもがいると未来を考え、時間軸が伸びる。（真）

友人一家が足を運んでくれる。ちびっこが泣いたら、館長が駆けつけていた。館員が泣いた時も、必ず駆けつけるのである。（海）

## 6/28日

社会福祉士のレポート「生活保護」執筆中。教科書の記述「給付・貸付対象者のなかには労働市場への参入を果たせず、最後のセーフティネットである生活保護制度を活用せざるを得ない者がいる状況となっている」。教科書がこれだもんな。「労働市場への参入」を当たり前とする、クソな社会は変わらない。（真）

山崎さんとタルマーリーさんのパンを食べる日。ご飯を食べて蛍を見に散歩に出たら、鹿にやたら声かけられて問答。「帰りなさい」「お母さんが心配してるよ」と補導員状態。（海）

6/29 月

平日ながら、ちらほらご来館が。ユージ氏が、貸出カバンとランプシェードを作ってきてくれた。ぼーっと開館していたらグッズを作ってきてくれる人が居るなんて、すごい。（海）

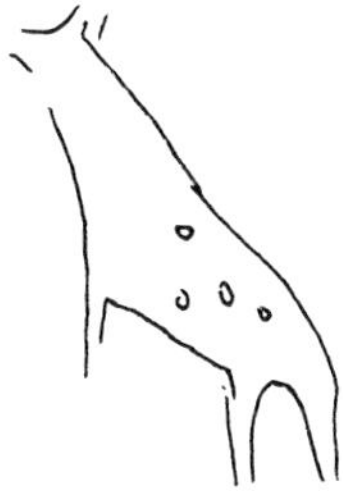

# 研究ノオト

## 「限りがある」のもいいじゃない

九〇年代のせいなのか、思春期のせいなのか。

一九八三年、東京都に生まれ、埼玉県浦和市（現さいたま市）で僕は育った。オムライスラヂオで一緒に「一九八三年生まれのB面史」というシリーズを収録した茂木秀之氏とは、同じ年に埼玉に生まれ（学年は彼がひとつ上だけれど）、同じ頃に東京で大学生活を送り、現在は奈良県に住んでいる。伊集院光師のラジオが好きという共通点もある。僕たちが生きてきた八〇年代、九〇年代とはどういう時代だったのか。この時代の特徴を知ることで、僕たちの「思考のクセ」を規定する一因を探っていきたい。

歴史研究をしていると（実は古代地中海の歴史を研究しているのだ）、ある特定の事象を知る上で、その前後の時代を知ることは欠かせない。歴史には必ず文脈があり、物語として語られることで、僕たちは初めてその事象を理解することができる。しかし八〇年代や九〇年代は、僕たちが思春期を過ごしたこともあり、客観的に評価することは難しいという思いがあった。自分の経験が絶対的過ぎて、総体として一つの時代を把握できる気がしなかったというのが正解かもしれない。茂木氏との出会いは、その意識を変えてくれた。

八〇年代とは、どのような時代だったのか。評論家の宇野常寛氏は、消費を通じて共同体からの「自立」を唱導した思想家・吉本隆明に言及する文章のなかで、以下のように述べている。

「モノの消費は極めて個人的なことだ。この時期の人々は、モノの消費によって、どのような服に身を包み、どのような自動車に乗って、どのようなレストランを愛好するかで「自分」を表現しようとした。（中略）だがここで留意すべきなのは、消費による自己表現という行為が一般化したのは、少なくともこの国においては当時（一九八〇年代）がはじめてだったということだ。それまでモノとは生活のために必要とされているものであり、自己表現の対象では（ほとんどの場合）なかった。だが資本主義の勝利がもたらした一九八〇年代の消費社会は、はじめて個人が自己表現としてモノを消費することを大衆に教えたのだ。」（宇野常寛『遅いインターネット』幻冬舎 p.151）

僕たちが生まれ、自我を形成した八〇年代とは、平たく言うと「買い物」によって自己を形成していった時代だった。例えば、八三年には東京ディズニーランドがオープンした。その「夢と魔法の王国」は、非現実的でワクワクするファンタジーの世界観に彩られていた。従来は生活を日常と非日常に分けたとき、地域の祭りなどが非日常を担っていた。しかし大げさに言うと、八三年からは地域行事に参加しない代わりにディズニーランドに行くことで非日常を確保し、自己を保つことが可能になったといえるだろう。チケットを買って「夢と魔法の王国」で非日常を体験することによって、「共同体を必要としない自己」が誕生したのだ。

さらにこの年は、任天堂からファミリーコンピューター（ファミコン）が発売された。当初、僕はファミコンの本体を持っておらず、ソフトだけを買ってもらい友達の家で遊んでいたほど、ゲームが好きな少年だった。これは僕が特別貧しかったからではなく（たぶん）、当時はどこでもこんな状況だった。一家に一台ファミコンが配備されるまでは、ソフトを持ち寄って遊んでいたけれども、それからは徐々に一人で好きなゲームを淡々とやる遊び方に変わっていった。テレビやゲームが共同所有から個人所有に変わっていった過程は、地域や家族内で完結していた日常と非日常の構図を崩壊させ、「そんなことより楽しいこと」を生み出した。極端に言うと、八三年に誕生したディズニーランドとファミコンが、九〇年代の僕たちのあり方を決定づけたのだ。

九〇年代を考える際、少し時間軸を伸ばして「平成」という元号のなかで考えてみよう。平成は一九八九年から二〇一九年までの三十年間を指す。元号で時代を括ること自体に特段意味は感じられないが、この期間は僕たちが思春期を送り、就職をしたり結婚をしたり、さまざまなライフイベントが起こった時期と重なる。僕たちが生まれ育った「平成」の時代を、文化社会学者・吉見俊哉氏はこう述べている。

「つまり『平成』とは、グローバル化とネット社会化、少子高齢化のなかで戦後日本社会が作り上げてきたものが崩れ落ちていく時代であり、それを打開しようとする多くの試みが挫折していった時代であったと、とりあえずは要約できる。平成史とは、多幸症的なバブル景気に始まりながらも、崩壊、挫折、失敗、縮小、危機によって特徴づけられていく苦難の三〇年間であったのだ。」（吉見俊哉編『平成史講義』ちくま新書 p.18~19）

僕たちは「苦難の三〇年間」を生きてきたという。もちろんそのような評価が下されるとは知らず、楽しかったり悲しかったり、悔しかったりする日々を過ごしてきた。僕たちの思い出は、時代的な「苦難」とはあまり関係がない。しかし、そう言われれば、ということはある。それが「リアリティ」の問題だ。僕は九〇年代を、さきのディズニーランドとファミコンの延長線上として「リアリティが喪失した時代」だと思っている。その喪失は、九〇年代のせいなのか、それとも思春期のせいなのか。それでもやはり、九〇年代にもある程度の責任がある気がしている。先ほどの本の中で、吉見氏はこう述べている。

「政治の中枢でのスキャンダルとおぞましい殺人事件という、直接的にはまったく結びつかない一九八九年に起きた二つの出来事が同時に示唆しているのは、八〇年代末を決定的な転換点として起きた現実性の変容である。この変容のなかで、私達の社会は、「戦後」という時代のリアリティを支えてきた基盤を失っていった。ここから先、一九九〇年代の日本で起きていったことは、日常の自己から政治の大きな流れまで、この空洞化したリアリティにおいて営まれるようになる過程だった。」(『平成史講義』p.33)

九〇年代に入り、リクルート事件や宮崎勤による連続幼女誘拐殺人事件とは直接関わることはなく(当たり前か)、僕は家から徒歩五分の小学校に通い始めた。放課後、学校の校門横に不定期で出店していた「型屋《かたや》」で粘土を型取り、キラキラ光る粉で色付け、その出来栄えを「型屋」のおじさんに評価してもらっていたあの頃。だけど、今考えると、「リアリティの喪失」は一歩一歩忍び寄っていた気がするのだ。吉見氏はそれを「『戦後』という時代のリアリティを支えてきた基盤を失っていった。」と述べている。しかしそもそも、「リアリティを支えてきた基盤」とは何なのだろうか。

一言でいうとそれは、「有限性」だと思う。有限性とは「限りがある」ということだ。限りがあるということは「可能性がない」ことを意味する、と僕たちは思ってきた。だから僕たちは、「有限」であることを良いものとは考えてこなかったし、それは「諦め」であり「妥協」であると、無意識に信じていた。そもそも思春期とはそういうものかもしれない。いや、もしかするとそこに九〇年代という時代性も影響しているのか。九〇年代は失敗の連続だったのかもしれないが、この時代を生きた僕たちに言わせると、「無限」を無根拠に信じられる「良い時代」だった、と言えなくもない。実感としては、このまま世の中が悪くなっていくとは思えなかった。

むしろその逆である。
九三年、サッカーのＪリーグが開幕した。いわゆる「バブル景気」の崩壊は九一年から九三年にかけてだから、すでに「バブル」は崩壊していたのだが、その開会式を見て「不景気だ」と思った人はいなかっただろう。超満員の国立競技場が何十本ものサーチライトで照らされるきらびやかな開幕式は、TUBEの春畑道哉氏のギターの生演奏で始まる。川淵三郎チェアマンの挨拶の後は、TUBEの前田亘輝氏の国歌斉唱だ。YouTubeで動画を見ることができるので、ド派手な演出とクセの強い国家斉唱をぜひご覧いただきたい（今気がついたけど「TUBE」だらけだな）。これのどこに有限性を感じることができるだろう。

僕たちは「バブル」を知らない。それが幸せなことなのか、不幸なことなのか。実感はないから、おとぎ話みたいなものだ。未だにおとぎ話を引きずって生きている人もいて、そんな人を少し滑稽に見ている自分を省みると、「バブルを知らない」ことを不幸だとは思っていないのだろう。今考えると、「バブル」が崩壊したタイミングで「無限の成長」を求める欲望と向き合う準備をしなければならなかったのだ。それが九〇年代の後半にできることだったが、そうはならなかった。インターネットが登場したからである。インターネットは、「無限の成長」を求める欲望はそのままに、モノからコトへと人の関心を移動させた。その代表として、宇野氏は糸井重里氏の名前を挙げる。

「一九九八年に誕生した『ほぼ日刊イトイ新聞』（『ほぼ日』）は、吉本隆明が一九八〇年代に唱導した消費による自己幻想の強化（による共同幻想からの自立）というプロジェクトをアップデートしたものだと言える。（中略）『ほぼ日』は、二〇世紀末の消費社会においてインターネットというモノではなくコトを用いる装置で、人間に『自立』をそっと促すメディアとして誕生した。それは『モノ』を消費することを通じた自己表現が『当たり前』になり、その力を半ば失った時代に『コト』の力を借りて同じ効果を獲得しようとした試みだったのだ。」（『遅いインターネット』p.154,156~157）

こうして、「リアリティを支えてきた基盤」はインターネットに取って代わられた。インターネットによってモノからコトへと消費対象が移ることで、リアリティを喪失すればするほど経済が回る、という仕組みになっていった。それが八〇年代から九〇年代にかけて、消費社会の成立とインターネットの活用によって一つの達成をみたのだ。ではインターネットがなければよかったのかというと、そうではない。モノに支えられてきた「リアリティ」のあり方こそ、考え直す必要があるだろう。

僕にとって有限性は、合気道を始めた時、体調を崩して入院した時、東吉野村に越した時に感じられた。機会は幾度もあったのに、最終的に山村に引っ越すまで、どうしても「無限」の論理に巻き込まれてしまっていた。間違えないでほしいのは、「無限」が悪いわけではないということだ。例えば、インターネットを使用して共同体を経ずに自己を確立する術を、人はすでに手に入れている。このことはつまらない日常に「夢と魔法的なもの」をもたらし、「楽しいこと」を軸に人生を歩んでいくきっかけを与えてくれる。しかし、現実は「無限」ではない。皮肉なことに、モノに支えられた「リアリティ」のせいで、地球環境は限界を迎えている。

戦後社会を含む「近代」という時代は、経済活動によって人が一人で生きていける社会を目指した。しかしその社会は地球環境や身体など、「有限性」を無視したものだった。まずは「限りがあること」を意識する。しかしそれを近代のセオリー通りに、一人で行う必要はない。時には「みんな」を単位にすることも必要だ。その「みんな」は地域や生死、類や種を超えるかもしれない。そういう、「限界のある総体」として自己や他者、社会や世界、時代や自然を眼差すことからしか、モノに支えられた「リアリティ」の持つ意味を変えることはできないだろう。（真）

## 怒るひと

オムラヂによく素敵なお便りをくださる高田純三さんが、「怒る、ということが大切だと思い、最近『北斗の拳』を観て研究している」と話してくれたことがありました。私も近頃、怒ることがとても大切だと感じていました。でも、うまく怒れない。「あれ？ 何だかおかしいと感じるけれど、私の感じ方が変なのかな」とごちゃごちゃ考えている間に、その場で反応できなかったり、逆に間歇泉のように（私の場合、口が悪すぎるという問題も手伝って）吹き出しすぎてしまったり、怒りを適切に取り出すのがとても難しいです。そんなことを考えていたら、たまたま手にとった絵本『まどのそとのそのまたむこう』（福音館書店）にもヒントがありそうでした。

『まどのそとのそのまたむこう』はアメリカの絵本作家モーリス・センダックによる絵本で、現在では新訳が出て『父さんがかえる日まで』（偕成社）と改題されているようです。主人公の幼い妹がチェンジリング（取り替え子）に遭う話で、小さい頃読んだ時には、連れ去られて全然違う環境に置かれることへの生々しい恐怖を感じていました。けれど大人になり改めて開いてみると、主人公の少女・アイダの行動に釘付けになりました。

アイダは可愛い妹をあやすために、ホルンを弾いてあげていました。ですが、窓の方を向いてホルンを弾いている間に、ゴブリンたちが窓から入ってきて妹を氷の人形とすり替え、連れ去ってしまったのです。このことに気づいたアイダの行動がすごい。アイダは、即激怒したのです。「私が目を離したから……」なんて自分を責めたりせず、「かんかんにおこって」すぐ妹を奪還しに向かいます。

大人になると、こうした瞬発力が弱くなってしまうのかもしれません。目を離したから赤ちゃんが連れ去られてしまった、薄着をしていたから痴漢に遭ってしまった、自分が失敗をしたからぶたれてしまったなどなど、呪いがかかってそう考えている部分もあるのかもしれない。だけど、目を離したからといって、どういう服を着ていたからといって、失敗したからといって、乱暴狼藉を働いて良い理由にはならないはずです。アイダはそうした不条理に対し、劇的な拒絶を体現しているように思えます。そういえば以前は優しい性格だった『北斗の拳』のケンシロウも、疵を刻まれ許嫁を奪われるという不条理によって、激しく怒ります。不条理に対して慣れてしまい、怒り方すら忘れてしまったのなら、「お前はもう死んでいる」も同然なのかもしれません。（海）

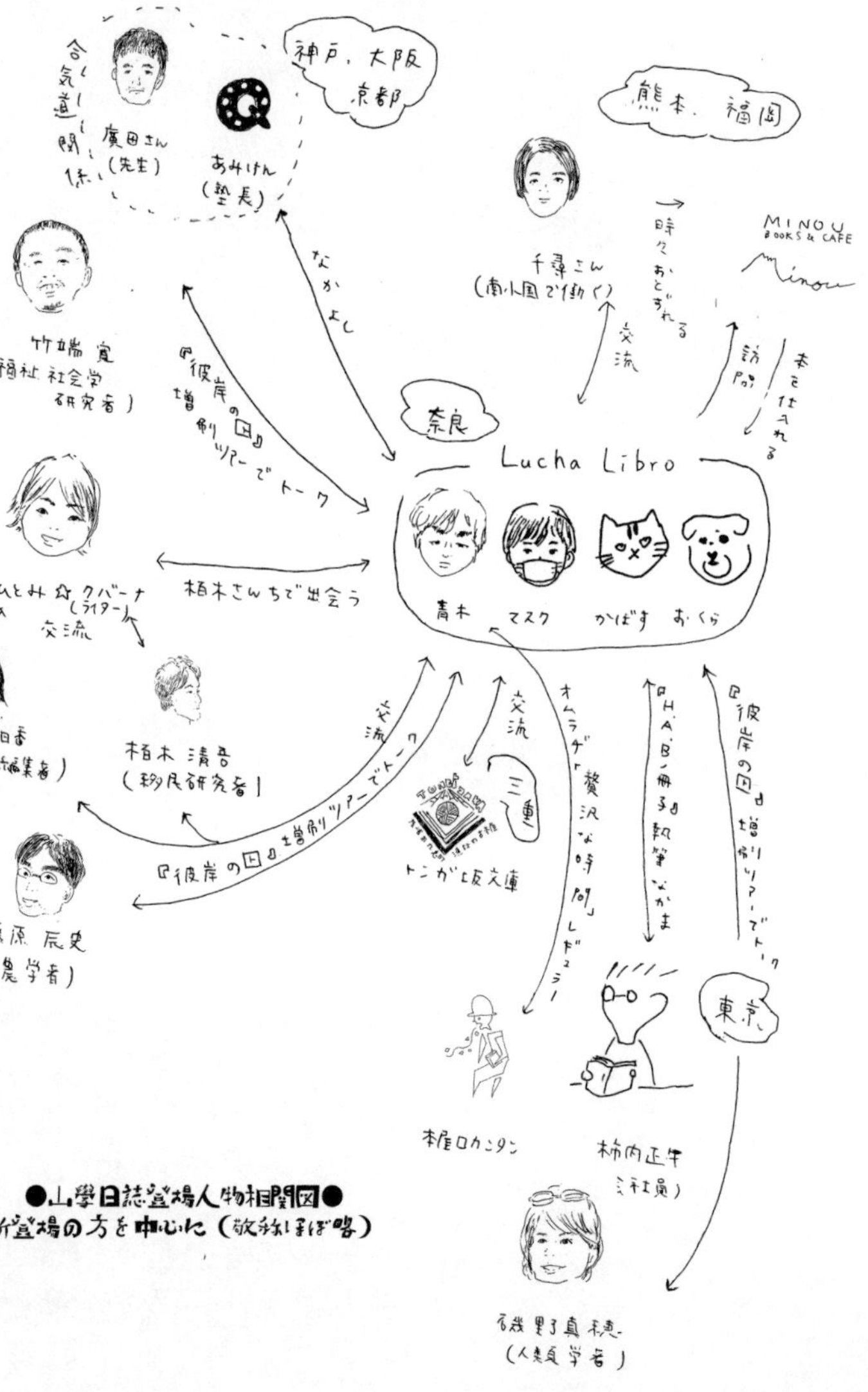


●山學日誌登場人物相関図●
新登場の方を中心に（敬称ほぼ略）

7/2 木

ケン・ローチ「家族を想うとき」をやっと鑑賞。人が労働力としてしか見られず、その価値が数字だけで判断される現代社会。問題はこの社会の価値観が内面化し過ぎて、大人の手では「コントロール不能」なこと。いかにして市場経済の「外側」に逃れるか。ヒントは「子どもの目」。市場経済の「外側」を見ることができる「子どもの目」を持っていたのが、車寅次郎という人物だった。寅さんの言葉を頭で理解しようとしてはならない。「お前と俺とは別な人間なんだぞ。早え話がだ、俺が芋食って、お前の尻からプッと屁が出るか！」こうでないと、「外側」に飛び出ることはできない。（真）

町田洋「船場センタービルの漫画」読んで泣く。（海）

7/3 金

山田洋次「故郷」を観る。近代化によって生まれ育った地で家業を継ぐことのできない男の悲哀が描かれる。誰もがみな、機械化された世界で「楽に稼げる」ようになりたいわけではない。もちろん生活費を稼ぐことは不可欠だが、「楽に稼ぐ」が

捨象してきたものを、もう一度考え直す必要がある。（真）

7/4土

「これから」を考えるはずなのに、最近は山田洋次作品ばかり観ている。全てはマルクスの思想を土着させるため。でもがんばってNewsPicksの本も読んでいる。あぁツライ。（真）

7/5日

午前中はゴミ拾いと草刈り。砥石で鎌を研ぐ。その後は高専でのオンライン講義打ち合わせ。従来の経済成長モデルの社会以外がうまく想像できない、というお悩み。新たな社会イメージを共有し、いわゆる文系と理系の人間が協働するためには何が必要なのか。やはり「手作りの小さな場」でしょう！斎藤幸平さんとの『彼岸の図書館』オンライントークでは、疎外と類的存在についてお話しできてとても満足。今後も「人文知のプラットフォーム」を作る活動は継続。夜は数ヶ月ぶりにタナトス家と温泉へ。調子に乗って天丼を食べて胃がもたれる。油物や冷たいものにどんどん弱くなっている。常温の水が好きだし、家でも飲み物を冷やさなくなった。まずは「過度の刺激を求めない」こと。ポストコロナの社会では、いったん「ニュートラル」に立ち返ることが求められる。（真）

河合垣内の草刈りとゴミ拾い。今日は草刈りがメイン。ご近所さんが図書館うまく行っとるか〜と声かけてくれて、はい、ぼちぼちと。（方言は話が早い。）家人が斎藤幸平さんとオンライントーク。面白かった。夜はタナトス家と、久々の温泉。（海）

## 7/6 月

家人が図書館を開こうと思ったり、困難を抱える人のエンパワメントに関心が高かったりするのは、ごく個人的で切実な理由だと思う。怪我してから雇用されて働き続けるのが難しい妻がプイッと消えないように、座を作ったんじゃないだろか。（海）

## 7/7 火

九州で豪雨災害。先日大変お世話になった、大分は九重町の戸高家は停電、断水、国道が土砂で通行止めのため孤立状態だそう。心配。日本中どこでも、都市だって田舎だって、災害は起きる可能性がある。完全に安全な場所なんてないのだから、できる限りのテクノロジーを用いて自然を制圧するのではなく、共に生きる術を考えねば。(真)



7/8 水

先日宮崎でお話した、「ルチャ・リブロの活動から考える働く」の後日談をオムラヂでオンエア。当日聴いてくれた方々は「関心と収入は相関しなくて良い」という部分にインパクトを受けたみたいだけど、大事なのは「本来働くことの価値はお金だけで測ってはならない」ってこと。夜は次回の『彼岸の図書館』増刷記念トークのゲスト、百木漠さんとご挨拶。楽しく終了。百木さんの著書『アーレントのマルクス』(人文書院)がむちゃ面白いんだな。(真)

7/9 木

H.A.B松井さんと我らがタナトスさんと打ち合わせ。『H.A.Bノ冊子』に連載中の「山學日誌」を大幅に加筆修正し、書き下ろし原稿を大量に詰め込んだ『山學ノ

オト』の輪郭が見えてきた。手触りが良い本になること間違いなし！（真）

雨が続いてルチャ・リバー増水。九州や岐阜でも、これ以上被害出ませんように。水と土砂は怖い。夜は『山學ノオト』の打ち合わせ。本の形にはとんと疎いので感心しきり。（海）

## 7/10 金

百木漠『アーレントのマルクス』を読んで、マルクスとアーレントの「労働観」が交差するところにルチャ・リブロ活動を説明する鍵があるのではと思い当たる。さらにアーレントの「仕事・活動」も加えると、僕の図書館活動、歴史研究、福祉仕事の関係が整理できるかも。しかしこれと資本主義的「価値」の話は全く別物。白岩英樹さんとのオンライン講義収録のため、ヘンリー・ジェイムズ、西川正身訳『デイジー・ミラー』（新潮文庫）を読んでいる。アメリカとヨーロッパ、自由と封建など、二つの世界の価値観が描かれる。此岸と彼岸を「行ったり来たり」するような、僕たちの生活から思うところをお話しできれば。（真）

7/11 土

今日は事務仕事で出勤後、坂本さんとの山學院打ち合わせ。光嶋さん、神吉さんとの「草稿読み合わせ」を経て、とほんさんへ。注文していた本、その場で見つけた本など買い物し、またも入荷していただいた『彼岸の図書館』にサインを書き書き。思えば今日話したメンバー全員、本書の登場メンバーだった。夜は後輩の大学の「キャリア論」オンライン講義を収録。ルチャ・リブロ活動と「働く」というテーマでお話し。下敷きはマルクスの労働論だけど、確かにこの考えで説明していくと、アーレントが危惧したように全体主義的になる危険性がよく分かる。これから、どう「働く」をすれば良いのか。（真）

講座を受けにお寺へ。マスクを付けて読経をするとボーッとしてきて、彼岸見えそう。とほんさんにてもんぺを買う。（海）

7/12 日

白岩英樹さんの講義にオンラインでお邪魔する。白岩さんとは昨年のイベント「森の生活」でソローについてお話しして以来。今回はヘンリー・ジェイムズを

巡って自由にお話しすることができ、とても有意義。今日はルチャ・リブロも開館中。多くの方々がご来館してくれた。（真）
開館日。もんぺ履いて、増水後の漂着ゴミ拾いも。福の神さんが久々にご来館で、やはり賑わう。寒い。（海）

## 7/14 火

明日は名古屋でヨーロッパ史講義。本年度は「イングランド中心ではない」イギリス史を取り上げる。関係ないけど、イバン・イリイチ『生きる希望』（藤原書店）を読んでいたら、今まで自分が研究してきた「古代史」だけでなく、地域を限定しない「通史」と、限定した「通史」をきちんと勉強しておきたくなった。縦軸と横軸と。ルチャ・リブロは「人文知の拠点」とか大言壮語しているわけだけど、もちろんこれは「一人（ルチャ・リブロは二人）が手づくりできる範囲で」という前提がある。物質、非物質に関わらず「手づくり」の可能性を追求することが、アーレントの言う「世界」をつくり出す「仕事」につながる。（真）

7/15 水

ここ数年内に「ポエニ世界」について今まで研究してきたものをまとめたい。博論が小さな小さなものだったので、その前提となる研究意識の明確化だったり、そもそもの勉強不足だったりを補ってきた約十年だったように思う。一度始めたことは形を変えてもやり続けたい。名古屋でのヨーロッパ史講義、カルチャーセンターもコロナ禍で人が減っていることもあり、今後オンライン講義もすることに。夜中によっちゃんが買ってきてくれたパンをむしゃむしゃ。ごちそうさま！（真）

友人が双子ちゃん連れて遊びに。かぼすさん見守る。成長したら、バスに乗って遊びに来るかなとか、そしたらバス停に迎えに行こうとか、細かく妄想。（海）

7/16 木

地域社会からの「離床」を近代社会の特徴だといったイバン・イリイチは、まさに「土着」を目指した思想家だった。イリイチのいう「すべての存在が此岸と彼岸の相互的構成的相補性の結果である」（『生きる希望』p.231）となることが、僕に言わせりゃ「土着」なのだ。オフィスキャンプ坂本さんと「山學院オンライン」打ち合わせ。オンラインとリアルでは僕たちも考えるアプローチが変わってきていて、これはこれで面白い。多彩なゲストを招いて「これから」をみんなで話し合える場を準備中なんだぜ。『Casa BRUTUS』七・八月合併号の巻末「LIFE@PET」にかぼす館長が掲載。写真は安定のニピさんこと西岡潔さん。文章は小久保よしのさん。（真）

晩酌、川散歩。蛍の時期が過ぎて、クチナシの香りが夜の楽しみ。（海）

7/17 金

『彼岸の図書館』は、夕書房の高松さんが三〇〇番台（社会科学系）をつけてくれているはずだが、大きな本屋さんや多くの図書館では、なぜか〇番台（図書館学とか情報学系）に置かれていることが多いという。奥さんによると、きちんとした場所に置いてくれている大学図書館は京都大学図書館くらいだそう。（真）

7/18 土

「七月半ば〆切」の原稿が終わらず。文量はないのにバシッと決まらない。やはり筆が遅い（分かっているなら早くやりなよ）。明日は久々の休み。原稿を書いたり本を読んだりしたい。夜は茂木秀之氏、本屋ロカンタン萩野さんとオンラインにて、『生きる希望』の感想回の収録。なぜか石原軍団の話へ。（真）

7/19日

今日は社会福祉士資格取得のためのオンラインスクーリング。山村に住んでいるとオンラインが本当に助かる。わざわざ交通費をかけてリスクを冒して街に出る必要もなくなるし、終わったらすぐに昼寝もできる。授業内容も良い意味で「オールドスクールな福祉」を伝えてもらい、満足。（真）

7/20月

最近月一ペースで続けている『彼岸の図書館』オンライントークでは、ほぼ同年代の人文系研究者との対話を通じて、大学の外かつ都市の外である山村に「人文知の拠点」を作るという小さな革命が進行中。世界とか社会の大きな変革というよりも、肩の力を抜いて「とりあえず、始めてみよう」と、各人の身が軽くなれば。（真）

7/21 火

暑い一日。午前中は健康診断。血液検査で針を刺されるも血があまり上がって来ず、看護士さんたちがわらわら集合。複数の方から「大丈夫ですか?」と声をかけられた後、バリウムの刑。一年で最も身体感受性をオフにする瞬間。終わり次第、頭痛のため車内でバタン。そんな一日。(真)

昨日も今日も、お客さんが足を運んでくれた。当たり前のことは記録に残りにくいと聞くので、なるべく「図書館開けた。お客さん来た」ということも書こう。しかしそもそも、開けてたら来てくれるのも当たり前ではないな。夜は雷で空が光り、フクロウが鳴いてる。深夜に盥ひっくり返したような雨。(海)

7/22 水

「全体主義」って、国民「全体」のことを考えてるわけじゃない。まず「正しさ」を固定して、そこに当てはまる人たちを「全体」として措定してるだけ。その「全体」からこぼれ落ちた人たちの味方であることが、「支援」なのではないか。就労支援をしていると、「生産性」を「正しさの基準」に固定化する欲望に駆られる。制度もそれを求めてくるし、社会に余裕がなくなってくればくるほど、数値化された成果が求められる。しかし数値化できるものを「正しさの基準」に固定してはならないし、それで人を見るようになったら、マジで終わり。（真）

眠れず。柿内正午さんの『プルーストを読む生活』（零貨店アカミミ）読む。矜恃という言葉がよく出てきて、使いたいなと思う。（海）

7/23 木

メインテーマ以外にも、胸を締め付けられた映画「こんな夜更けにバナナかよ」を鑑賞。障害者として生きる上で、主人公の鹿野さんも国会議員の船後さんも「ミッション」を持っている。でも「強い意志」を持たずとも生きていける社会の方が良いのではないか。その社会を目指すため、新自由主義と優生思想は断固拒否する。先日の斎藤幸平さんとの対談を経て思ったことなどを盛り込んだエッセイ「山村デモクラシー」脱稿。なぜこの社会は生きづらいのか。全体主義的にならない、「私」にも「私たち」にもなれる社会を作るためには。『山學ノオト』に収録予定。（真）

7/24 金

草刈りの後、栢木清吾さんの家に遊びに。道の駅で栢木さん、ヒトミ☆クバーナさんと合流。畑を案内していただき、桃をもいだり、すだちを採ったり。美味しいお夕飯も作ってもらい、大いに語り大いに食べた。夜の高速を走り抜け、帰宅。（真）

7/26 日

今日は社会福祉士のオンラインスクーリング。ルチャ・リブロの根底にあるのは図書館学ではなく、制度化以前の「社会福祉」だと思っている。「ニューヨーク公共図書館」を観たり「パブリック　図書館の奇跡」の話を聴いたりすると、ますますこの感覚が間違いないことを確信する。（真）

予約のお客さんがいらっしゃる。雷怖い。（海）

7/27 月

簡易水洗の不調で休館。夜は天井裏が騒がしく、閲覧室に移動して寝る。（海）

7/28 火

奈良高専の講義をオンラインにて。ルチャ・リブロの活動を通じて「働くを考える」というテーマは、「ウィズコロナ時代をいかに生きるか」を考えることと通底している。社会が変わり続ける中で一喜一憂せず、不安に苛まれすぎず、どんな状況でもある程度「楽しく生きる」ためには。就活生に限らず、若者の意見、状況が知れるのは貴重な経験。今回は珍しくオフィシャルだったけど、お声がけいただく多くは謝礼をさまざまな「現物」でくれたりして、ゲリラっぽくて楽しい!（真）

萱原さんにいただいた『天職の運命』（武藤洋二 みすず書房）読む。被害者にも加害者にもならないために、物乞になるという戯曲を書いた作家・オレーシャが登場して、「知らずに実行してた!」と思う。当館が、家に毛が生えたくらいの大したことない状態で、細々有り続けるのは結構大切かも。いや、毛すら生えてない。（海）

7/30 木

（ほぼ）流れなくなったトイレと格闘して三日目。さまざまなやり方を試す。ついに加圧式のやつをポチッと購入。頼むぜ! 農業史研究者、藤原辰史さんと次次回の『彼岸の図書館』トーク打ち合わせ。「ウィズコロナの世界」で進むオンライン効率化において、「ムダ」とされるものをどう考えるか。実は「ムダ」は必要だった云々という、「有益か否か」の次元でのみ語るのはつまらない。大事なことと大事でないことを同じ次元で語らないことが、「大事になる」。（真）

元町先生と古書からすうりさんでお昼ご飯。たくさん話す。（海）

126

8/1土

昨夜雨が降ったからか、ひんやり。午前中は、今度オンラインでちょこっと出演するテレビの打ち合わせ。午後は社会福祉士のレポートをやりつつ草刈り。夜は別件のオンライン打ち合わせ。バタバタ。（真）

菟田野のお醤油屋さんへ。お店のおばちゃんが飴ちゃんくれた。店番のチワワ可愛い。おばちゃんも可愛い。（海）

8/3月

オンラインでの集中講義、原稿、事務仕事が重なり、各所にはご迷惑をおかけ中。その間もポストコロナで進む効率化、合理化で「失われるもの」について考えながら、鎌で草刈り。一方、就労支援ではテレワークを使い、いかに職業準備性を高めるかを侃侃諤諤。此岸と彼岸を行ったり来たり。（真）

8/4火

夜はテレビのオンライン収録。「ルチャとほん」についてハキハキ喋る。奈良の

人しか見れないけど、お楽しみに。（真）

**8/5 水**

なぜか最近、勝俣州和氏のYouTubeにハマっている。（真）

ご近所のお客さんちで久々、手芸部。センスに脱帽じゃよ。（海）

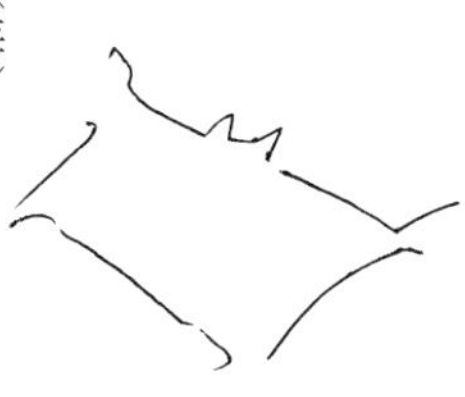

**8/6 木**

「あとがき」も、命を削って書いている。（真）

**8/7 金**

百木漠さんとの打ち合わせ終了。思わず一時間半ノンストップで話し続けてしまう。こりゃ本番もスウィングすること間違いなし！この先、僕たちはどのように働き、生きていくのが良いのだろう。マルクスやアーレントを手がかりに「僕らのVita Activa」を語り合いたい。（真）

## 8/8 土

本を読むより話を聞いた方が「早い」と思っている人がいるかもしれないが、間違いだと思う。話を聞いて分かることと、本を読んで「分かる」ことの深度は明らかに異なる。ただ人生は有限なので、どの程度「分かりたいか」によって使い分ければ良いとも思う。（真）

タナトス家で晩酌、手作りアイス染む。（海）

## 8/9 日

社会福祉士のオンラインスクーリング終了。山村に身を置きつつ就労移行支援に携わりながら「男はつらいよ」を観ることで、サービス化以前の「福祉的なもの」を探している気がする。サービス化の良い面悪い面を乗り越えて、「これから」の社会を構想し実践していきたい。そのためには「人文知」が不可欠。夜は百木漠さんとのオンライントーク。（真）

8/10月

打ち合わせ、校正、原稿書きの合間に川のゴミ拾い、草刈りができれば良いが、外はむちゃ暑い。ひがよに越してきてつくづく思うのは、「いろいろな生き物」に囲まれて暮らすことの安心感を、なぜ人間は放棄し、それを進歩と言ってきたのかということ。藤原辰史『戦争と農業』（集英社インターナショナル）を読むと、「飢える」ことへの恐怖が勝ったのかな、とも思う。（真）

フクロウの声。フクロウって「ホーホー」と鳴くのかと思っていた。実際は「ホッホッ」という感じ。ユーリ・ノルシュテイン「霧につつまれたハリネズミ」に近い。（海）

8/11火

糞虫はキレイだなぁ。（真）

自分も周囲を困らせている気がして、「男はつらいよ」を観るのがつらいよ状態だった。寅さんは、自分の言動に対して、とらやの面々からの素の反応を求めているんじゃないだろうか。その希望が叶わないから、毎回「出てく」と言ったり、喧嘩

したりしてみる。そうするとやっと、素の反応が返ってくる。そんな話に見えてきた。(海)

8/12 水

祝! 四〇〇回記念のオムライスラヂオ。一生オムラヂを続けていられたら、他に何も必要なし。これが「知足」なのかも。(真)

8/13 木

未来を語る時、新しいことをする時にポジティブなのはいいけれど、歴史を顧みないのは論外だと思う。少なくともナチスドイツ下や昭和の大日本帝国下で人びとが行った所業など(もちろんこれらの国だけではないけれど)、「人間がどれだけ残酷になれるか」という「負の可能性」を常に念頭に置いておくべき。また「俺がこれだけがんばってるんだから、悪いのは怠けているあいつらのせい」原理で動く「しかめ面」がチームや社会、ひいては世界の多数だと間違いなく生きづらい。どこでこの「負の循環」を止めるのか。といいつつ、みんながみんな「笑顔」だったら、そ

れはそれで気持ち悪いか。（真）
トイレの不調で、開館は一旦休み。畑に生えるトゲトゲの木の名前がずっと謎だったけど、カラタチだと判明。カラタチは時々、オレンジと細胞融合して雑種「オレタチ」になるらしい。『山學ノオト』校正大詰め。かぼさんは暑くても膝にやって来る。（海）

8/14 金

「ジョーカー」を観て以来、ずっと光嶋さんにお勧めしてもらっていた映画「キング・オブ・コメディ」をやっと鑑賞。「ジョーカー」ってこれほどまでに「キング・オブ・コメディ」だったのか。「ジョーカー」には感じなかった「闇」をビシバシ感じる。むちゃ面白かった！（真）
毎夏来てくれる方が、今年もチラッと本借りに寄ってくれた。館内あまりに暑く恐縮。（海）

8/15 土

先日、生駒さんと話していて思ったけど、コロナを経験して以降は、「何もないこと」から始まる時代になるのでは。価値を教えてもらうのではなく、見つける時代へ。「何もない」と捨てるのではなく、「いや、待てよ」と一掘りすることで見えてくる。まさに「奈良的」ではないか。そして立ち止まるのに必要なのは「人文知」だ。終戦記念日だからというわけではないけれど、犬養道子『本　起源と役割をさぐる』（岩波ジュニア新書）を読む。本とは「思想を分配する」ものとして誕生したけれど、そもそも「読む」の前に「聴く」があったという。そしてプライベートヒストリーとして犬養毅や内藤湖南が出てくるなど、最高の一冊！（真）

8/16 日

今日も黒いバンがたくさん走っていたので、村外へ避難。隣の飯高まで来ると、だいぶ人が少なくなる。川もむちゃきれい。原稿を書いたり散歩をしたり、のんびり過ごす。流れ流れて、森のホテル「スメール」まで到着。車の中にカンヅメになりあとがきの校正を終え、そして草稿まで書くことができた。うちの奥さんの作品

づくりも進んだみたい。(真)

8/17 月

某会報に原稿を提出していたのだけど、まさか校正がないとは! 刷り上がってきた現物を見て知った。でも会費をお支払いできていなかったから、文句は言えず。(真)

お客さんから近況のメールを貰う。嬉しい。(海)

8/18 火

なんとか草稿が完成。大枠はこれでいけるかしら。書いてみると「いつもの話」なのだけど、面白い「いつもの話」と、つまらない「いつもの話」があるのはなんでだろう。(真)

8/19 水

カルチャーセンター講義のため名古屋へ。テーマは「アンジュー帝国」。当たり前だけど前近代の歴史世界は、国民国家を前提に語ることはできない。でも実際に説明する上では国民国家を前提に語らざるを得ない。「語る」ってよく使う単語だけど、実際には「誰に」語るのかによってだいぶ異なる。（真）

8/20 木

最近朝方がだいぶ涼しくなった。昨日はDining Bar Nezumiさんのツイートのおかげで「私設農村図書館」の開祖、浪江虔さんの存在を知った。イリイチの「離床」という概念とマルクスの資本主義社会への分析を参考に、まずは「なぜ土着が必要なのか」の一端が見えてきた。これからは「土着するとはどういうことか」について、行動し言葉にしていこう。今日は在宅勤務だったので、夕方に少し草刈りができた。草刈機と鎌という手段の違いから「再帰的近代」を考える。現存のテクノロジーを選択的に使いつつ、自分に「ちょうどいい」生活を作っていこう。そのためには、自分の身体（知覚能力とか体力とか）を基準にするしかない。（真）

8/21 金

奥さんの通院同行で北大阪へ行き、帰りにみんぱくへぶらり。次回の『彼岸の図書館』トーク、藤原辰史さんとのテーマ「スマートと闘う」ための参考に、広瀬浩二郎『目に見えない世界を歩く』（平凡社新書）をぱ。みんぱくをつくった梅棹忠夫氏が分析した現代情報社会の行き着く先に、「スマート」がある。さらにポストコロナにおけるテレワークの普及で業務の効率化が進み、生産性至上主義が高まり、優生的な価値観が広がっていくのではないかと危惧している。このような社会では、僕たち一人一人が土着することにより、優劣の線引きを「なんとなく」に直し続ける必要がある。佐藤信編『古代史講義』（ちくま新書）も面白い。（真）

8/22 土

九月からぼちぼち開館を再開予定。雷や台風が頻発するこれからの季節は、オンラインでのイベントや打ち合わせが一層順調に進まないことが出てくるだろう。僕は「人間が努力すれば、一定で変わらない生活を送ることができる」信仰は早急に潰えておかないと後がないと思っているので、このトレンドは歓迎。関係ないけど、しばらくゴダイゴを聴こう。ナウ・リスニング「ロンリネス」。（真）

村の雑貨店・空木さんにて、いくみんが二人展のＤＭ用写真を撮影。二人展はと

ても恐れ多い。（海）

8/23 日

現在、水回り問題で休館中のルチャ・リブロも少しずつ復旧。僕がビジネス書にイマイチ乗れないのは、基本が「現状追認」だから。その上で、「どううまく立ち回るか」という話が展開される。とはいえ全く興味がないわけではなくて、そういう世界のロジックも知っておく必要はあるだろう、という興味はある。今日も人がたくさんいるひがよから抜け出し、飯高へ。すっかり秋。久々に頭痛があったけど、薬を飲んで散歩して温泉に入ってヨービックを飲んだら、楽になった。（真）

8/24 月

久しぶりの出勤。同僚と会うと安心することに気づく。テレワークなどの効率化によって失われがちな「安心」をどう補填するか。時代が進むタイミングでいつも考えるのは、「失われるもの」のこと。こういう考えはビジネス界では受けないだろう。でもそもそも、これ以上「時代が進む」のは誰のためになるのか。内田樹編著

『ポストコロナを生きるきみたちへ』の文章を提出し終えたので、やっと養老孟司他著『コロナ後の世界を語る』（朝日新書）をはじめとする「ポストコロナ」関連の書籍が読める。変に影響されてはならぬと禁じていたのだ。（真）

8/25 火

今日は在宅勤務。どこに住むか、どこで働くか選ぶことを「特別なこと」で終わらせないために、自然が豊かな日本でまだギリギリ残っている「継承する」ことの意味や楽しさを伝えたい。そのためには多くの大人が現実を測る指数だと考えている、「年収と幸せの関係」を改めて問い直す必要がある。夜はなぜかトマオニで、戸棚の上から出してきてチンしたようなグラタンとピザを食す。今夜はパンを仕込んで寝よう。（真）

8/26 水

今日は半日勤務。奥さんと通院のため大阪市内へ。先日に続きパフェを注文してしまい、後悔。外食が食べきれなくなったのは、いつのころからだろう。『山學ノオト』も校了（たぶん）。装丁は我らがタナトス師匠。むちゃかっこよく、物として持っておくことに意味のある本が、着々と出来上がっている。夜食に韓国のり。（真）

## 8/27 木

奈良蔦屋書店にて、生駒あさみさんとの「奈良と本の積もる話」開催。リアルとオンライン同時進行を初めて実施する。歴史書の西洋と東洋の違いの元ネタは、岡田英弘『歴史とは何か』（文春新書）より。（真）

## 8/28 金

土砂降りのなか事業所を出たけれど、電車を降りたら秋の風が吹いていた。通勤のお供は梅棹忠夫『情報の文明学』（中公文庫）。著者近影の大きなサングラスが、九〇年代の吉川晃司を彷彿とさせてカッコいい。安倍晋三氏が総理大臣を辞任する意向を示したとのこと。体調不良は一人間としては気の毒だが、体調不良が今までの仕事への言及を阻むために使われてはならない。安倍首相へのざっくりした感想は、最後まで「公私の区別」がつけられない人だったんだな、と。（真）

8/29 土

今日は午後から山學院オンライン。内田樹先生にご登場いただき、「クニづくり」を考える上での「他者との共生」について伺う。夜は茂木秀之氏、本屋ロカンタンの萩野亮氏とともに「九〇年代B面史」収録。池田剛介『失われたモノを求めて』（夕書房）を題材に。（真）

『山學ノオト』最終打ち合わせ。最中にかぼさんが傍らでバッタを喰んでいる。（海）

8/30 日

今日は原稿書きや部屋の掃除、草刈りをば。うちの奥さんは風邪で伏せっている。昼間に山崎雅弘さんがタルマーリーさんのパンを持ってきてくれる。すっかり我が家にとって山崎さんは「パンのお兄さん」に。夜は研究室の先輩と『教科書』の打ち合わせ。（真）

8/31 月

奥さんの体調はだいぶ回復。念のため今日は在宅勤務をさせてもらい、打ち合わせや会議などを数件。「できた方が良いと思うけどできないこと」ってたくさんある。たくさんあるけど、これにフォーカスせずに生きた方が、たぶん楽しい。としまえんが閉園するとのニュース。練馬に祖父の妹さんが住んでいて、埼玉から遊びに行った時に連れて行ってもらった思い出がある。ゴーカートに何回も繰り返し乗車したり、プールでやっていた「ヒーローショー」では怪人に連れ去られるのが本気で怖かったり。夜は『プルーストを読む生活』の柿内正午さんとオムラヂ収録。寅さんについて語り合うことができたが、話は尽きず。「町でいちばんの素人」と「村でいちばんの素人」で、今後とも楽しく語り合いたい。（真）

『プルーストを読む生活』の柿内さんとオムラヂ収録。「町でいちばんの素人」って言いまわし、よくぞと言いたくなる。（海）

Lucha Libro

9/1 火

出版社じゃなくて、編集者の名前で本が検索できれば良いのに。今日は午後から就労定着支援で某企業へ。悲喜こもごもな話を社長から伺う。社員の幸せを願いつつも、その「願い方」に慎重にならざるを得ない時世。昭和から令和にかけて会社のあり方がいかに変わったか。良い悪い好き嫌いではなく、存続するためには何をしなくてはならないのか。社長は大変だ。関係ないけど、毎週「ディスカバー彩の国」が更新されるのを楽しみに待っている。（真）

かぼちゃんに足指をかじられて目覚める。通院で大阪。『H.A.B ノ冊子』片手に電車乗る。クリニックで、木や人の絵を描くテスト。夜はおくらくんに足をかじられる。なぜ。（海）

9/2 水

今日は仕事後の勉強会で「コロナ禍と優生思想」について、米本昌平他『優生学と人間社会』（講談社）を下敷きにお話し。コロナ禍による不要不急の排除と生産性向上への強い希求は、「コストカット」の論理で簡単に優生思想と結びつく。そして就労支援は大いにその片棒を担ぐ危険性がある。雨宮処凛編著『この国の不寛容の果てに　相模原事件と私たちの時代』（大月書店）も、ポストコロナを考える上で最重要文献。（真）

オムラヂ「ぜいたくな時間」回を聴く。孤独と寂しさは違うというお話に、元気出る。（海）

9/3 木

今日から久しぶりにルチャ・リブロ開館。故障していた水回りもなんとか復旧。『この国の不寛容の果てに』を読書中。まずは熊谷晋一郎さんとの対談が最高。人間に備わる「生産性」と「必要性」のうち、もっと個々の「必要性」（ニーズ）を言っていくべきという話にビビビ。一人ひとりが堂々とニーズを言える社会へ。最後にアーレントが出てくるのも良かった。夜は廣田景一さんと、授業で使うZoom対談の収録。ルチャ・リブロを通じて考える「働く」の話から、労働と活動の「アーレント的な意味ではない」違い、「混乱」を受け入れることの効用、就労支援や合気道の話などなど、話題は尽きず。（真）

トイレ不調を経て、久々の開館日。皆が食べ物を持ってきてくれて有り難い。あっという間に時間が過ぎた。晩ご飯は、ほぼいただきもので成立。夜には『山學ノオト』箔押しの種類で検討メール。（海）



## 9/4 金

昨夜廣田さんと話していて、「調子に乗ってはいけない。謙虚にいよう」というブレーキと、「他人を置き去りにして、誰もいないところまで逃げ去りたい」というアクセルが、自分のなかにあることに気づく。気づいたから反省するとか行動を改めるという気は全くなし。（真）

通院で午前中は大阪。（海）

## 9/5 土

「素人が口出すな」ってほんと良くない。言葉を発する時のマナーには気をつけつつ、素人が堂々と思っていることを言える世界へ。あと関係ないけど、ビジネス界隈でされがちな「符号だけの会話」が苦手。そういう会話ならチャットとかLINEスタンプで十分じゃん、と。今日の山學院オンラインでは三冊をご紹介。ジークムント・バウマン『リキッド・モダニティ――液状化する社会』（大月書店）、宇野重規『〈私〉時代のデモクラシー』（岩波新書）、雨宮処凛編著『この国の不寛容の果てに　相模原事件と私たちの時代』（大月書店）（真）

台風が近づいてるので、近所のおばちゃんに電話。夜は車に積んでる避難バッグの物品入れ替え。おくらくんは隣で嬉しげ。停まってる車に乗るのが好きなのだ。（海）

## 9/6日

文化人類学者の磯野真穂さんとZoomで打ち合わせ。楽しくてあっという間の一時間。「大学の外に学びの場をつくる」ことについて、またしっかりお話ししたい。昼はタルマーリーさんのパンときのこのアヒージョではぴねす。午後は外出。今のところ風が強いだけだけど、だんだん東吉野も本降りの雨に。どちらにおいても災害などないことを祈ろう。夜は集中講義の評価をし終わる。講義中、結構ていねいにレポートの書き方を伝えているけど、その通りにやってくる人、その通りにやった上で自分なりのコメントを加えてくる人、その通りじゃないけど自分なりに書い

てくる人、とりあえず出した人など、さまざま。日本人も留学生も、面白い人は面白い。（真）

台風。そういえばコロナが来る前から、自然に翻弄されるのが常。お天気も、体調も、虫に噛まれたりも。（海）

## 9/7 月

就労支援の帰り道、人生で初めてスピード違反で止められることに。あの待ち構えてるやつ、巨悪には立ち向かわないのにちっちゃな違反は熱心に取り締まりやがる。消費税やコンビニの袋もそうだけど、貧乏人からこそいでくるの、どうにかしてほしい。最近、月に一度オンラインイベントをしている。落ち着いたら、やっぱり改めて書店さんでイベントをしたいと強く思う。でも元々、イベントした後にその模様をオムラヂで配信してたから、リアルとオンラインを併用してたっちゃあしてたことに気がつく。オンラインとリアルのイベントの違いとして、「参加者同士が出会えないこと」がある。同じイベントの体験を共有したり、ご飯を食べに行く口実に使ったりすることができない。やっぱり実際に会うことの持つ、「点を線にする力」はすごい。オンラインで「点」を作っていく作業をコツコツやろう。夜、大学前の老舗の居酒屋さん閉店の報が先輩から入る。これは本格的にやばいぞ。（真）

本をつくる方々（出版という意味で）は、清水の舞台から何度もダイブできるぐらいの大胆さを持っていると思う。すごい。（海）

## 9/8 火

今日もラジオ「ディスカバー彩の国」から朝が始まる。ふと「欲しい」と「買う」が直結し過ぎているとマズいことになる、というお告げが。就労支援の仕事は午前までで、午後は高専に伺う。以前オンラインで行った僕の講義を受けて、みなさんがいろいろ考えてくれた発表を聞きに行った。学生の方々のグループ発表「コロナ時代の働き方、生き方」、どれも面白かった。どうしても文系の人間はテクノロジーに懐疑的もしくは夢を託しすぎてしまうところがあるので、ぜひ学生の方々にはテクノロジーの限界を分かった上での有益な活用法を考えて欲しいと、偉そうにお伝え。夜は藤原辰史さんとの『彼岸の図書館』トークイベント。「スマート化」やベーシックインカム、SDGsなど、一見誰もが賛成しそうなことに対する違和感を共有

することができた。（真）

9/9水

昨夜藤原辰史さんとお話しして思ったことは、きちんと人類史の全体像を踏まえた上で、身体感覚を取り戻し、研究をしたいということ。「専門分野」のための研究も必要だけど、今不可欠なのは「そもそも研究は何のためにするのか」という答えの出ない問いに、研究者自身が向き合いながら研究活動することだと思う。大変今更だけど、てっぺいちゃんのアルバム『龍』に収録されている「言の葉」、米米CLUB名義だけど、アレンジが元のやつと全然違うのはなぜかしら。（真）

9/10木

ゲーム芸人フジタ氏に、今さらながらハマっている。（真）
雨の日の開館。最近よく来てくれるお客さんがご来館。お互いマスクをした姿しか知らない。（海）

9/11金

深夜までかかり、就労支援の仕事で翌日使う資料を準備する。いやぁ働いてるって感じ！ ご褒美にパイナップルを食べちゃお。こんな夜更けにパインかよ。（真）

9/12土

「ケアこそアナーキー」（@ブレイディみかこ）とは、とても良い言葉。ただアナーキーに無条件で乗れないのは、現行の制度をただ否定したい時にも使われてしまうため。制度それ自体が「悪」ではなく、限界を見極めた上できちんと「使う」ことが、僕の目指す「社会的ブリコルール」だ。現行制度のなかで「土着の秩序」をいかに賦活させるか。先日の藤原辰史さんとのトークテーマ「スマート化と闘う」では、テクノロジーの発展という誰にとっても良い気がするものを「無条件で受け入れることの危険性」を問うた。しかし、そもそも「誰にとっても良いもの」なんて存在しないことから話をスタートすべきなのだ。自分の生活・仕事は必ず社会・環境的な負荷を与えている。本屋ロカンタンさんから、熊代亨『健康的で清潔で、道徳的な秩序ある社会の不自由さについて』（イースト・プレス）が届く。まだ数頁しか読んでないけど、僕が就労支援で感じていること、東吉野村に越してから「男はつらいよ」を観続けている理由のヒントになる気がする。夜は次回『彼岸の図書館』トークのゲスト、竹端寛さんと打ち合わせ。「スマート化」こと「標準化、規格化」に抗していくにはどうすれば良いのか。「実践の楽観主義」をヒントに伺おう。その後は夕書房の高松さんと新企画「土着への処方箋」の打ち合わせ。わくわくするんだぜ。(真)

## 9/13日

昨夜の竹端寛さんとの打ち合わせで特に興味深かったことの一つは、「そもそも合理的配慮とは何か」という話。世の中の合理的配慮の多くが、当事者ではなく社会側の合理性に基づいている。しかし本来は当事者の内在的論理における合理性を基準にしなくてはならない。言われてみれば当然だけど、誰も全然出来てない(僕も含めて)。近刊『山學ノオト』にもチラッとグラムシの名前が出てくるが、次回の『彼岸の図書館』トークのゲスト竹端寛さんのご著書『「当たり前」をひっくり返す——バザーリア・ニィリエ・フレイレが奏でた「革命」』(現代書館)にも、バザーリア経由でグラムシが登場する。グラムシ研究をせねば。ダメだ、こっちの資料作成に集中できないから、あっちの原稿を書こう！と逡巡している結果、修士論文をまた読み返すことに。ここからまた始めよう。もちろんむちゃ粗いけど、ここにすべてが詰まっているように思う。（真）

9/14 月

今日もバタバタな一日。来月から就労支援の仕事でも「手探り」で進めることがいくつか始まる。複数のことを同時に、そして常に新たなことに着手できていると、僕は比較的楽しく暮らしている気がする。一つのことを深めるよりも、いくつかのことを薄く広く伸ばす。クレープみたいなやつだよ、あたしゃ。（真）

千客万来の開館日。お客さんがキツネノマゴを見て、足を止めていた。（海）

9/15 火

新連載！お悩みに本で応える「土着への処方箋」。絶賛お便り受付中。訳者の栢木清吾さんから、パニコス・パナイー著『フィッシュ・アンド・チップスの歴史』（創元社）をご恵投いただく。栢木さんは大学と在野を対立的に捉えないスタンス

が僕とも共通していて、お互いマイペースに研究活動している同志。本書を早く読み終えて、またお話したい。（真）

## 9/16 水

著者の斎藤幸平さんから『人新世の「資本論」』（集英社新書）をご恵投いただく。斎藤さんの『大洪水の前に』（堀之内出版）から影響を受け、僕たちの新刊『山學ノオト』内にエッセイ「山村デモクラシー」を書いた。地球環境とデモクラシーをいかに折り合いつけるのか。今日は名古屋にてヨーロッパ史講義の日。テーマは「宗教改革」だが、前回から目測を誤り「マグナカルタから首長法まで」を一気にやらねばならなくなってしまった。いつにもましてダイジェスト感満載に。（真）

ご近所のおばちゃんからモーニングコール。伊勢湾台風の時は「モトウラさんから小川の郵便局まで、道がなかった。家が傾いた」のだそう。おばちゃんはコロナを「伝染病」と呼ぶ。（海）

## 9/17 木

内田樹先生から『日本習合論』（ミシマ社）をご恵投いただく。僕たちの「此岸と彼岸を行ったり来たり」は、内田先生の「葛藤が人を成熟させる」に大きく影響を受けている。僕たちが成熟に向かっているかは甚だ疑問だけれど、「話をシンプルにしない方がしっくりくる」との実感を得て活動中。ちょっと先だけど、京都に遊びに行く予定が立った、うれし。ついに「男はつらいよ　お帰り寅さん」を鑑賞。「満男編」肯定派としては概ね満足。しかし全盛期の寅さんが度々カットインしてくると、どうしても「明るく良い時代だったなぁ」と感じざるを得ない。そしてできればオープニングで、江戸川堤を歩く桑田佳祐氏を見たかった。先日『信濃毎日新聞』に掲載された『彼岸の図書館』評を高松さんが送ってくれた。千野貴裕さんという同年代のグラムシ研究者の方が、恐れ多くも「アレントの区分けを取り払う試み」と評してくれた。うれし。『山學ノオト』や現在校正中のエッセイにも通底する点を予言してくれていてびっくり。（真）

9/18 金

今日はマイ・バースディ！　佐田啓二氏の息子こと中井貴一氏と一緒なんだぜ。そんな日に新刊『山學ノオト』が一足早く届き、はぴねす。一切のデザインは我らがタナトスこと武田晋一さん。『ルッチャ』と同じく手触りやページをめくる感覚を味わって欲しい作品に仕上がっている。（真）

9/19 土

最近ずっとパイナップルを食べている。パイナップルに外れなし！　と思って食べていたのだけど、実は単に結構良いやつを買っていたことに気がつく。こりゃうまいわけだよ。といいつつ、今夜もこんな夜更けにパインかよ。本読んでる場合じゃないな、原稿書かなきゃ。でも本読みたい。でも書かなきゃ。うむぅ、まずはパイン。（真）

9/20 日

先日の藤原辰史さんとのトークでいただいたアイデアを文章にまとめたい。ちなみに斎藤幸平さんとの話は「山村デモクラシー」(『山學ノオト』収録)、百木漠さんとの話は「楽しい生活」(『ポストコロナを生きるきみたちへ』収録予定)の素になった。インプットするとアウトプットが生まれる、この循環を保ちたい。関係ないけど、僕のなかでは勝手に三重県九鬼町のトンガ坂文庫さんと、新潟県新潟市のウチノ食堂さんの間に、同じような方向性を感じている。何でしょうね、この感じ。(真)

## 9/21 月

グレート・ムタの毒霧の格好良さを、改めてYouTubeで確認。昼に鍼をしてもらい、打ち合わせのため京終へ。途中ずっと気になっていた崇神天皇陵をチラリ。京終やまぼうしさんにて「『彼岸の図書館』『山學ノオト』原画展(仮)」の準備をば。夕方はタナトス夫妻たちと東吉野村内に新しくできたビール屋さん、グットウルフへ。スッキリ飲みやすく、美味!夜は柿内正午さんのポイエティークRADIOにゲスト出演。「からだの弱さ」について話は尽きず。(真)

ポイエティークラジオにお呼ばれ。楽しかった。奥さんともお話した通り、私も自分という怪物と闘ってる。この怪物に比べたら、全部ひよっ子だと思えるぐらい。(海)

9/22 火

今夜は戦友のような同僚と、シュラスコを食しに。野菜もたくさん食べて、元気いっぱいじゃ！（真）

久々の祝日開館で、お客さんがたくさんいらっしゃる。（海）

9/23 水

『山學ノオト』で浦和のことをこれだけ賛美しているのに、今のところ埼玉県内では置いてくれている店が一店もないという悲しさ！困ったもんだぜ。（真）

9/24 木

生駒あさみさんとの「働き方の積もる話」。奈良蔦屋書店の一階では僕たち。そして二階はヒムロックの展示！僕と生駒さんは多動で衝動性があることが似ている、ということが僕らの「働き方」のポイントだったという。テーマは「自己理解」。（真）

9/25金

資料作成終了。なかなかタフな一日。キンモクセイのファーストアルバムを聴く。ベースラインがカッコいい。（真）

萱原さんが、転勤前に会いに来てくださった。また、ご近所さんが老人ホームに行くので村を出るとのこと。（海）

9/26土

昨夜は同僚と久しぶりのあまき会。大和八木に通勤するのもあと数日。十月から通う事業所も変わり、役割も変わって主にテレワーク担当に。土着とテクノロジーをいかに結びつけるか。楽しみ！（真）

9/27日

今日は草刈りをしたり、原稿を書いたりバタバタと。うちの奥さんのように筆が早いと良いけれど、そうはいかぬ。いっとき体調を崩していたおくらくんも復調し、少し安心。明日からとほんさんには、サイン入り『山學ノオト』とほんさんver. が陳列予定。イソダ娘さんの『山學ノオト』の感想が、「青木さん、結構トマオニでステーキ食べてるね」だったことがツボ。夜は研究室の先輩方と月に一度の研究会。かつての研究室の思い出話や今勉強している専門分野の話など、こういう時間が豊かでありがたい。十月から事業所も近くなって通勤時間は減るはずなので、古代地中海の研究やルチャ・リブロの活動にさらに注力していきたい。(真)

久々の日曜開館。たくさんの方がご来館。皆さん、すごく本が好きという感じの方ばかり。(海)

### 9/28 月

「時間がかかるから」という理由で切り捨ててきたものを、「本当にポイして良かったのか」と再確認すべき。時間をかけてこそ得られるものがあるし、机の前に座っているだけでなく、やってみないと本当の意味では理解できないことがある。という考えと、新しいテクノロジーを両立させることが必要。(真)

9/29 火

今日は在宅でお仕事。午後『SAVVY』の取材でニピさんが来てくれる。夜はタルマーリーさんのパンを届けに山崎雅弘さんが来てくれて、一緒にお夕飯。（真）

平日開館。ちらほらお客さんが。館内、肌寒いよね。夜は山崎雅弘さんと、タルマーリー会。（海）

9/30 水

今日で橿原の事業所は最終日。本当にみなさんにお世話になった。すでに僕の顔は「山」に向いている。現代社会では、本来の人間らしさを残しながら働くことは不可能なのか。社会にとって都合の良いシステム化を成すためではなく、人間本来の個別性を活かすためにテクノロジーを使うべき。（真）

ロールシャッハテストをはじめて受ける。インクの染みは、なんだか美しい。（海）

10/1木

今日は奥さんの月一通院同行で大阪北部(摂津國)へ。朝から掃除機をメンテナンスし、村内にお届け物をして出発。今は出来るだけ村内にいる時間を長くしたいけど、ネットがなかった時代に村にいたら、閉塞感に耐えられなかっただろうな、とぼんやり。大阪では緑地公園にあるblackbird booksさんへぶらり。タイミングよく『山學ノオト』が入荷したとのことで、僭越にもサインなど入れさせていただく。その後病院へ行き、帰りはイオンモール橿原へ。お夕飯はフレッシュネスバーガー。夜は穴場だから、なくならないでくれ!(真)

歯学部病院に行く前に、blackbird booksさんで鷲尾和彦さん『Station』(夕書房)の写真展みる。(海)

10/2金

新しい事業所の初日(といっても二年半前までいた職場に戻っただけ)。テレワークしてるけど、メールとかチャットを送ってすぐに電話で「確認して!」とかやってるのを思うと、もういっそのことFAXの方がちょうど良いアナログ感なのではと

思ってしまう。夜は復活したフェニキア・カルタゴ研究会例会。とはいえ、会長と副会長の二人きり。（真）

## 10/3 土

今朝は磯野真穂さんと『彼岸の図書館』オンライントーク打ち合わせ。一一月七日夜に「生活と研究」というテーマでお話しする予定。大学、社会、都市と村などなど、先行きの見えない時代をどうやって生きていくかお話しできれば。夜は竹端寛さんとの『彼岸の図書館』オンライントーク。非常に多岐にわたるテーマを「ヴァナキュラー」という軸でお話する。打ち上げでは「土着の楽観主義宣言！」をし続けることが大事なのでは、というご教示をいただく。竹端さんという、障害福祉分野での先達と出会えてとてもうれしい。と同時に、やはり僕はジャンル「ルチャ・リブロ」ということになるのだろうと思う。それにしても何だろう、ジャンル「ルチャ・リブロ」って。（真）

夕刻おくらさんと散歩していたら、下の川原に小鹿が。「おーい」と呼びかけたら、木陰に隠れるも丸見え。「見えとるよー」と声掛けると、山に帰って行った。（海）

10/4日

『人新世の「資本論」』読了。これからを生きる上で底本になるべき本。目指すべき「脱成長コミュニズム」について分かりやすく解説してくれている。ルチャ・リブロとして、就労支援に携わるものとして、どう実践していくのか。楽しい課題をいただいた。晩年のマルクスも面白いな。今日は山崎さんと尾鷲へドライブ。懐かしい感じの模型屋さんをぶらりして、「ほんじつのさかな」さんでランチ。予想外の豪華さに一堂びっくり！その後、九鬼のトンガ坂文庫さんへ。僕たちの著作『山學ノオト』と『りぶろ・れぶゅう』にサインさせていただく。山のルチャ・リブロと海のトンガ坂文庫は「海山同盟」を結んでいるのだ！（真）

山崎さんと家人とドライブ。目指すは尾鷲。教えてもらった「ほんじつのさかな」は、「明治期にここで〇〇条約を締結した」と言われたら信じてしまいそうなお店だった。カツオのひつまぶし、豪華で美味しかった。食べたら、干物を買ってトンガ坂文庫さんへ。まだちゃんが山崎さんにメロメロ。（海）

**10/5 月**

近鉄の特急で「デラックス席を利用するには、デラックス券が必要です」っていうアナウンス、バカっぽくて好き。（真）

開館とともにお客さんがご来館。かぼさん甘えに甘える。閉館したら、パワー不足で即就寝。一回起きるもまたすぐ昏々。（海）

**10/6 火**

今夜のひがよは一〇度。（真）

**10/7 水**

奥さんが、ひなた文庫さん主催、本屋真夜中2020 online「読書と場の記憶」にエッセイを寄稿。夜はよっちゃんの家で双子を横目に夕食をごちそうに。お土産をたんまりもらって帰宅。（真）

久々の正覚寺。栗ごはん。本屋真夜中「読書と場の記憶」に、入院中J.R.R.トールキン『指輪物語』（評論社）読み返した話が掲載。（海）

10/8 木

前の職場に荷物を取りに。住む家もさることながら、働く職場も自分に大きな影響を与えている。どんな環境が自分には合っているのか。快適な場所にいる時の自分の身体の状態を覚えておいて、一日の間できるだけ多くその時間と出会えることだけを考え、行動していたりする。(真)

10/9 金

前の職場よりも、だいぶ山に位置する現職場。僕の心はますます山に向いている。町では一人の人間の快適な生活のために社会が作られていて、人間の一生を超えたスパンで物事を考える習慣が一顧だにされていない。移り住めば良いってわけじゃないけれど、「身を置く」ことの効能はヤバいと思う。そしてじわじわ反響を呼んでいる「土着への処方箋」。お悩みに選書でお応えしている。しっかりした形のない「もやっ」とした内容で大丈夫なので、引き続き募集中。(真)

10/10土

遅ればせながら、内田樹先生の『日本習合論』（ミシマ社）読了。「なんだかよくわからない話」を門前払いせず、とりあえず観察し生成過程を考察する。この重要性は「金の話」のみに一本化しようという現代において、より際立つ。そして僕も加藤周一『雑種文化』（講談社）の各論を書きたい。オフィスキャンプ坂本さんとの「山學院オンライン」すべて終了。内田樹先生、須永剛史先生、井上岳一さんをお迎えし、濃密な時間をみなさんと共有。思想と行動を分けずに動いていける身体を身につけるきっかけの学び場になったと自負している。そして来年「パブリックヒストリー研究会」というところで報告させていただくことになった。報告者には知り合いの方もいるので心強い。自分の思いつきの活動を「パブリックヒストリー」という大きい文脈のなかで考えてみるのも面白いかも。明日は久しぶりに京都へ。昼は本屋さんをぶらぶらし、夜はスウィングの木ノ戸昌幸さんとご飯兼打ち合わせ。しかし土地勘がなさすぎて、回るルートが全く計画立てられず。（真）

10/11日

「土着する」ということはテレビを捨て、俗世を離れ、地方移住することだけを意味しない。土着し「生命のためのテクノロジー」を取り戻すとは、「スマート化」という強制的外部化の波の中で見失いがちな身体の存在を、テクノロジーを使いながら守り続けることを意味する。もちろん身体とは自分、他人、他種のものを含んでいる。今日は京都へ。誠光社さん、レティシア書房さんへ。レティシア書房さんでは大いに『彼岸の図書館』『山學ノオト』をプッシュいただいていた。福井さとこさんの個展も見ることができた。最後は木ノ戸さんと韓国料理へ。安くてむちゃおいしかった！はぴねす。（真）

京都へ。誠光社さん、レティシア書房さんへ。まさか京都でマロン（おくら主任のお父さん）の話をするとは！たまたま拝見した福田さとこさんの銅版画の展示に、引き込まれてしまった。夜は木ノ戸さんと韓国料理。変わっていく方が自然だし、面白いことなはず。多分。（海）

10/12 月

久しぶりの「黒ジャコ・リターンズ」。課題書はあみけんさんチョイスの『ユリイカ二〇二〇年七月号　特集=クイズの世界』（青土社）。学びと知識との関係など、本質的かつ実践的部分を持つクイズの世界が興味深かった。次回から黒ジャコ・リターンズも二周目に突入。それぞれの「ど真ん中」本を持ち寄る予定（真）

昨日モリモリ食べたから、今日はしんどい。開館したらお客さんがぶらりと。パリュスあや子さんの『隣人X』（講談社）読了。長じてより、狸が化けて人に混じって生活してるみたいな感覚があるので、Xに共感する部分が大きかった。（海）

10/14 水

今日は奈良を縦断。半日は車移動。車中でモータウン全盛期を支えたファンク・ブラザーズの映画「永遠のモータウン」を観る。『クソパン』の小野寺さんがパンク的読書だとすると、僕はファンク的読書。ファンク的読書におけるベースラインは、歴史をきちんと踏まえた思想のことだと思っている。というわけで、手始めに猿谷要『物語　アメリカの歴史』（中公新書）を。戦前生まれの研究者が体験とともに語るアメリカ史。むちゃ面白い。チェロキー・ネイション、南北戦争、公民権運動あたりを文学、映画、音楽も含めて、もっと知りたいなと。（真）

10/15 木

今日は北摂の大学病院へ奥さんの通院同行。その間にW.H. マクニール『疫病と世界史（上）』（中公文庫）読了。人間を「病原体によるミクロ寄生と大型肉食動物によるマクロ寄生のはざまで、（中略）無事を保っているに過ぎない存在」と定義するが、現代のマクロ寄生の頂点は富裕層だといえるのかも。特に何かあったわけじゃないけれど、ワインやら生ハムやらを買ってきた。たまのはぴねす。（真）

バスと電車で生駒まで。待ち合わせして病院へ。バス停で、スーツを着たご近所さんたちと挨拶。家々に提灯が出ていたし、そういえば今日は神社の神事だった。（海）

10/16 金

読書と草刈りと合気道ができていない生活は、僕にとって「不調」を意味する。これに加えて片付けができていれば「好調」と言っても良いかと。好調と不調の間

を漂えるくらいで生きていたい。（真）

10/17土

ぶひ〜生ハムとオリーブとチーズがあったら、幸せになれることが分かったんだぜ。（真）

10/18日

約六時間に及ぶ「H.A.Bノ冊子フェス」終了。むちゃ楽し。とりあえずトマオニで二人打ち上げ。オンラインはイベント後の余韻がないのがやっぱり寂しい。チキンステーキとぶどうのヨーグルトパフェを食す。帰ってきてバタリ。再び起きておくらくんの散歩を終え、お風呂に入って就寝。『H.A.Bノ冊子』に幸あれ！と心より祈念。（真）

10/19月

昨日の「H.A.Bノ冊子フェス」の余韻を引きずっている。仲間とか組織とか共同体とか、規模や原理がさまざまな集団があって、どこかに所属したり、どこかにはぜってぇ関わりたくないと思ったり、それでいいと思う。各メンバーは重ならなくて、ちょっとずつ違うくらいが健全なのかも。あぁ楽しかった！としみじみ。（真）

「H.A.B ノ冊子フェス」楽しかったなぁ、という余韻の中、開館。たまたまお客さんが『H.A.B ノ冊子』創刊号をお求めくださり、びっくりした。（海）

## 10/20 火

在宅勤務。Wi-Fi を強力にして、日向でテレワーク勤務した方が健康的なのではと思いあたる。ルチャ・リブロの開館日でもあり、たくさんの方々にご来館いただく。お土産でいただいたブッセで、初めてブッセのおいしさを知る。夜はチキン南蛮定食後に温泉に入り、フラフラで立ち上がれなくなる。なんとかヨロヨロと閉店間際の温泉から脱出。揚げ物の定食なんてタブーだったのに、身の程を知れ！でも温泉でぼんやりしていたら、やるべきことが見えてきた。引き算をして、自分の輪郭をはっきりさせるのも時には必要。来年は「アカデメイア」を地で行こう。それはつまり「プラトンを土着させる」ということ。隣のおじいさんの鼻歌が今井美樹だったことも、たぶんこの直感を呼び寄せたんだと思う。（真）

開館日。お客さんが代わる代わる。（海）

10/21 水

この前「H.A.B ノ冊子フェス」で、小野寺さんにパンクスについて教えてもらって考えたけど、やっぱり僕は「ソァンク的読書」だ。同じところを目指してるけど、表現として「パンク的読書」と「ファンク的読書」があるってのは面白い。「ファンク的読書」のベースラインはエンパワメントだ。昨夜ハクビシンの子どもが川べりに落ちて上に登れず鳴いていた。救援に向かったら、助けてほしいけど人間恐い、みたいな感じでうまくいかず。大丈夫だったかしら。ということで、今日は名古屋でカルチャーセンターの講義。本屋ロカンタンの萩野さんが『山學ノオト』を「現代の方丈記だ」と評してくれて、遅ればせながら鴨長明、蜂飼耳訳『方丈記』（光文社古典新訳）読了。煮え切らなさ、決め切らなさがとにかく最高！「即決」を迫られ、勇ましくシンプルな言葉が受ける今こそ読まれる一冊。『彼岸の図書館』とも通じる。名古屋は栄での講義も無事終わり、ON READING さんへ。注文していたグレーバー『ブルシット・ジョブ』（岩波書店）と佐々木ののか『愛と家族を探して』

（亜紀書房）を受け取りつつ、杏子さんと立ち話。帰りの車中で『愛と家族を探して』一気読み。榛原に着いたら安定の寒さにほっとする。（真）

10/22 木

「キンシャサの奇跡」の前夜に行われた、ブラックミュージックの祭典「ザイール'74」のドキュメンタリー「ソウル・パワー」を観る。とにかくジェームス・ブラウンが格好良いのと、B・B・キングもヤバい。まずは一人の人間として「権利を得ること」。そこから始めるべし！夜は奈良蔦屋書店での生駒あさみさんとの「疫病の積もる話」。奈良とヨーロッパ、古代と現代を行ったり来たりでとても楽しい。（真）

10/23 金

今朝家を出ると目の前の林を抜けていく道の上に、鹿のうんちがコロコロと。なぜ、よりによって道の真ん中にしたのか。我々への宣戦布告だろうか。うちのおくらくんが道の端っこでしている姿を見ると、どうしてもそのように考えざるを得ない。（真）

10/24土

昨夜のNEVER無差別級六人タッグを観る。すごかった、久々に泣く。昼間はオンラインでのカルチャーセンター講座「もう一度学びなおすアメリカの独立革命」を行う。今回は以下の本で勉強。有賀夏紀・油井大三郎編『アメリカの歴史』（有斐閣）、猿谷要『物語アメリカの歴史』、森本あんり『キリスト教でたどるアメリカ史』（角川ソフィア文庫）。やはり歴史は楽しい！坂口恭平『自分の薬をつくる』（晶文社）読了。僕にとってのオムラヂ、ルチャ・リブロはまさに「自分の薬」の一つ。社会に殺されないために、「やりたくないことをやらない」ために、自分の生活を手に入れたい。しかしこれは「働き方」的な話ではなく、もっと家の中の話（オイコノミア）に関わる話だ。午後はとほんさんに行った後、帰りは和菓子屋さんで草もちを。よもぎの香りが良くて美味。「昔は江戸川堤でもよもぎが採れたんだけどねぇ」という、とらやのおばちゃんの声が聞こえてきた（ほんまかいな）。移動中のお供は、網野善彦『日本中世に何が起きたか』（角川ソフィア文庫）。夜はトマオニでまた赤身ステーキ。昔、新婚旅行初日のロンドンで、駅舎内の食堂で食べたステーキを思い出すから、ちょくちょく食べているのかも。人は思い出の中に生きているのだな。茂木秀之氏、ロカンタン萩野亮氏とのユニット「贅沢な時間」オムラヂ収録終了。『方丈記』の三者三様の感想を。意見が同じ部分だけでなく、違うところが出ると読書会の醍醐味を感じる。しかし僕は物質や形式的なことにあまり興味がない。ここまでくると好き嫌いではなく、能力の問題かと。(真)

## 10/25日

読書会などをすると、どうしても他人の視点がキラキラして見えたりするけれど、今さら自分の足りないところを埋めようとしても仕方ない。このまま突っ走ろう。そういう意味でも、本当に「自分の身体のパフォーマンスだけ」を考えて生きてみよう。その一点突破をいろんな仕方で目指すのだ。今日はルチャ・リブロ開館日。原稿をいくつか仕上げねばならない。ひがよも良い天気。早速、村内や遠方からご来館の方々が。いつもは司書の奥さんがカウンターに座っているけど、今日は珍しく僕が担当。その合間にとほんさんで開催予定「『山學ノオト』フェア」の選書コメントを考えたり考えなかったり。フェアの一冊は、宮本常一『山に生きる人びと』(河出文庫)。加えて、短いエッセイ収録の手づくり冊子を制作予定。僕の言う

「生活を取り戻す」とは「外部化と内部化を塩梅よく行う」ことで、何でもかんでも手作りすりゃハッピー！てな話ではない。そしてついに彼岸にも『SAVVY』が届く。これを持って、奈良の各地を回りたいんだぜ。（真）
開館日だったけれど、風邪っぽくて家人に司書席をバトンタッチ。今日もたくさんいらしたみたいで、閲覧室から聞こえるちびっこの声に癒された。遊びをせんとや生まれけむ。（海）

10/26 月

みかんっておいしいな。（真）
開館日。お客さんに光虫の話を聞く。ホタルは幼虫でも光るんだ。（海）

10/27 火

我が家に圧力鍋革命が！手羽元やお豆が短時間であんなにホロホロになるとは。豆のトマト煮と手羽元のオリーブ煮が美味。（真）

10/28水

西寺郷太『新しい「マイケル・ジャクソン」の教科書』（ビジネス社）読了。むちゃ面白いし、本の中に出てくる音楽や動画がすぐ観られる現代に感謝。特に「モータウン25」のジャクソン・ファイヴ再結成からのムーンウォーク初披露には震えた！夜は磯田さんとの「二人だけの人類学研究会」終了。テーマは「ブラック・カルチャー」。詳しくない二人がハーストン『騾馬とひと』（平凡社）と『新しい「マイケル・ジャクソン」の教科書』をそれぞれ紹介。文化の背景の「コミュニティ」が話題に。（真）

10/30金

今日は奥さんの通院同行のはずが、渋滞のせいで辿り着けず。予約変更と相成った。朝一の予約の時は前泊も考えねば。お昼はフレッシュネスバーガーにて。来年二月にある社会福祉士の資格試験用問題集も購入（今さら）。試験勉強始めるぞい。（真）

10/31 土

今日は奈良蔦屋書店前で開催中の「蔦乃葉市」に奥さんが出店。僕も時々留守番をば。社会福祉士の試験勉強と光嶋さんの『増補みんなの家。』（ちくま文庫）を読み直したい。ふと思い出したけど、昔、母の職場近くにトレタンという小さなレストランがあって、そこのハッシュドポテトがとても美味しかった思い出が。それ以来ハッシュドポテトが好きなのだ。結局、お供は赤坂憲雄『異人論序説』（ちくま学芸文庫）に。重要なことだけで出来てる本だな、こりゃ。そういえば、『彼岸の図書館』のもう一つの題名候補は「手づくりのアジール」だった。これから「手づくり」と「アジール」の両方を問い直すような研究・実践活動をしていきたい。柳田國男、折口信夫、宮本常一、網野善彦はマスト。近代を経由せず、古代という井戸に降りていく方法を模索したい。（真）

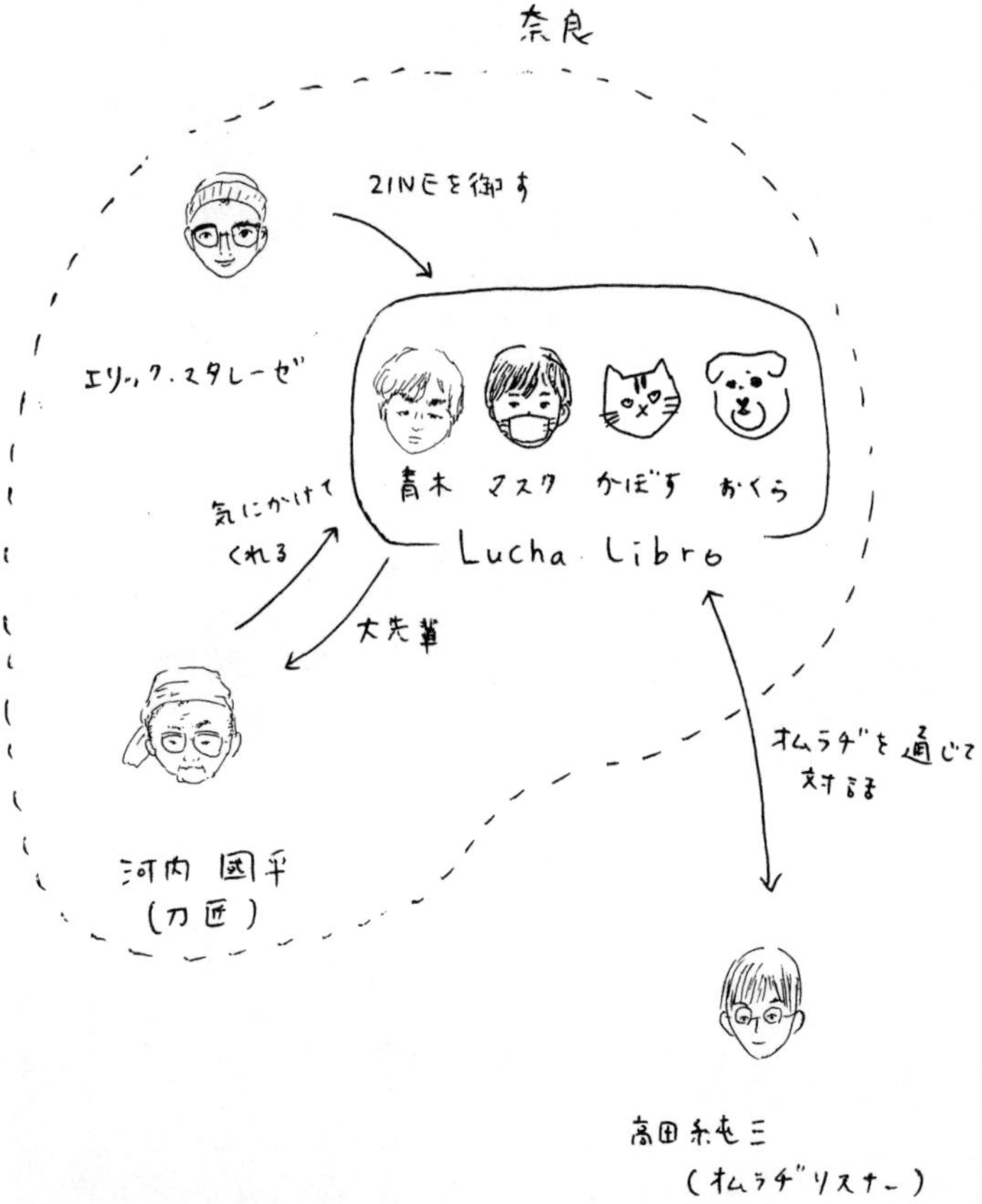


**●山學日誌登場人物相関図●**
**（敬称略、新登場の方を中心に）**

## 11/1日

今日も「蔦乃葉市」のために奈良市へ。昨日、生駒さんから教えてもらったけど、なんと今月一五日にてっぺいちゃんが大芸術祭のために奈良に来るとのこと！しかも倉橋みどりさんが司会をなさるそう（羨ましい！）。残念ながらその日は九州にいる予定。「蔦乃葉市」が終わり、ひがよに帰る。タナトス家にてお夕飯をごちそうに。はっぴぃ。（真）

## 11/2月

「楽しい生活——僕らのVita Activa」というエッセイを寄稿。いろいろメッセージはあるけれど、「自分の価値を『お金を稼ぐための労働』だけに絞らない！」ということは繰り返し言いたい。明日はとほんさんで一日書店員に。『山學ノオト』ブックフェアは一一月二三日までの開催。購入特典の超限定「生産性のないブックガイド」も完成！個数が作れないので、なくなり次第終了。（真）

11/3 火

今日はとほんさんの一日書店員に！　遠方からお越しくださった方、以前からお名前だけ知っている方、オムラヂリスナーなどなど、たくさんの方々にお会いした。書店員と言いつつ、ほとんど砂川さんと喋り倒してしまった。帰り道、久々にマッキーを聴き直す。天才すぎることを再確認。打ち込みも最高！（真）

11/4 水

（雑踏の音　ピーピーピーピーピー）ヒ　ガ　ヨ　ニ　ド　ひがよは二度？　うそ……参ったなぁ……（真）

11/6 金

就労支援の仕事を途中で切り上げて、光嶋裕介さんとの『山學ノオト』刊行記念トークのために奈良蔦屋書店へ。山崎雅弘さんに送迎してもらう。就労支援の同僚ヒデくんが手伝いに来てくれた。ポエジーとテクノロジー、二つの原理で生きていくためにはどうすれば良いか。何を見ても、その中に「自然」を見つける眼を持つ

ことではないか。（真）

11/7 土

最近「アーモンド効果」にハマっている。夜は人類学者の磯野真穂さんと「生活と研究」について語り合うトークイベント。生活からも研究からも人間が「疎外」されている。背景にある資本主義と「スマート化」が結びつくと、ますます「疎外」が進む。今こそ「生活と研究」を併せ持つことで、人間的な暮らしを取り戻すのだ。いったん『彼岸の図書館』オンライントークシリーズはここで終了。「ルチャ・リブロ」というジャンルにならねばと、強く感じた夜であった。（真）

11/8 日

午前中は頭痛で伏せっていたけれど、午後から川上村のエリックさんとデモクラシー談義。そして黒滝村の上山くんとプロレス談義。図書館をしていると、面白い人が向こうから来てくれるからうれしい。夜は京都の大垣書店高野店で、百木漠さんとのトーク「僕らのVita Activa」。「マルクス、アーレント、網野善彦からの寅さん」の話ができて大満足。百木さん、店長の和中さん、つないでくださった倉津さんとの打ち上げも最高。京都駅前のホテルに宿泊。（真）

家人はイベント立て続け。三日（祝）、今日と、やっぱり日・祝はお客さんが多い。（海）

11/9 月

京都で夜にイベントするときは泊まりにするとだいぶ楽！ 覚えておこう。昨夜の百木さんとのイベントで、最も熱っぽく語ったのが寅さんの話。なぜ僕はこれほど「男はつらいよ」に惹かれるのか。内田樹編『ポストコロナ期を生きるきみたちへ』（晶文社）でえらてんさんがチラッととらやのことを書いていたけど、とある雑誌に書く原稿はプロレスではなく寅さんの話にしよう。昨日のイベント後にゲットした、養老孟司、伊集院光『世間とズレちゃうのはしょうがない』（PHP研究所）が最高。百木さんとの網野善彦、寅さんをめぐる話でも出た「境界」の話かと。伊集院師匠の影響を大きく受けている自覚はあったけど、僕らのルチャ・リブロ活動は養老先生の影響もだいぶ受けている。（真）

**11/10 火**

人口減少イコール悪なのではなく、人口密度が減るから人口減少はむしろ良いことだ、という言説がある。けれど、そもそも人びとが集中するのではなく、拡散すれば良いのではないか。集まって住まなければ良い。みんながいろんな場所に住むことができるようにするためには、どうしたら良いのだろう。夜はＮＰＯ法人無限の石田さんとご飯。ノンストップおしゃべり。むちゃ楽し。同じ山の頂を目指して別のルートを登っている人と話すと、改めて自分の登っているルートが整理できる。福祉を専門の言葉でなく「地の言葉」で表現したら地域史になり、そこに「働くこと」を代入したら「民俗知」になる。（真）

**11/11 水**

修行好きとしては、ラジオの帯番組がやりたい。（真）

**11/12 木**

今日は村内のＮＰＯ代表・蛯原さんと近況を。高齢者福祉と障害者福祉の連携という話はきっかけでしかなくて、本来の福祉こと「クニづくり」の話へ。僕の活動はルチャ・リブロと山學院と就労支援だけど、それぞれが違うレイヤーにあるからこそ、全てができる。やってることは全部同じ、だけど異なる。地球規模でも一人の人間に対しても、絶対的に必要なのは「ケア」。問題はケア的活動にお金がつかないこと。毎日ステーキを食べて外車を乗り回すような贅沢はいらないから、スマホを持てて、好きな時に休めて、旅行ができて、月に数回は映画とかスポーツ、ライブを観に行けるくらいの生活はしたいわな。（真）

11/13 金

一読者だった時は全然そんなことに思いは至らなかったけれど、「増刷」って単純に「めちゃくちゃ売れた」ってことではなく、「出版社が思ったより売れた」ってことなんだな。部数とは関係ないのだ。明日は早朝の便で熊本は阿蘇へ。ということで、今夜は関空近くのホテル泊。思い返せば一年ほど前。茨城でのイベント「森の生活」に行く際、飛行機に乗り遅れた経験あり。もう一年前か。懐かしい。（真）

11/14土

早朝の飛行機で関空から福岡空港へ。着後バスで熊本へ。ひなた文庫さんに迎えに来ていただき、南阿蘇に向かう。陽射しが強いぜ。熊本行のお供は、栢木清吾さんの訳書『フィッシュ・アンド・チップスの歴史』を。揚げたフィッシュとチップスの起源と、移民が売り労働者が食したものがイギリスの国民食となっていく「伝統の創出」の過程が分かりやすく語られていて面白い。ひなた文庫さんでの「本屋喫茶去」、楽しく終了。イベント後は南さんと温泉へ。夜はひなた文庫さんこと中尾家にて夕食アンドお泊まり。ステキすぎる家で赤牛のすき焼き！三日分の栄養をいただく。はっぴぃ。（真）

前泊して九州へ。美味しいたこ焼きをいただいて、本屋喫茶去。ひなた文庫さんがお茶を焙じてくれたり、お客さんが銘菓を買ってきてくれたり、しみじみ楽しくて、あっという間の時間だった。熊本地震の話を伺って、全然元通りじゃないよね、と。（海）

11/15日

今朝はひなた文庫のお二人と草千里を満喫後、南小国の千尋さんに浮羽市にある

MINOU BOOKS & CAFE さんへ連れて行ってもらう。店主の石井さんはオムラヂを聴いていてくれて、年が近かったこともあり意気投合！ 置いてある本、雰囲気、コーヒーも最高。ますます九州が身近に。本来は帰路も飛行機のはずなのに、なぜか駅弁を堪能する私たちなのだった。（真）

中尾さんご夫妻に、草千里に連れて行ってもらった。絶景かな。牛馬優先。南小国のちひろさんと初対面して、うきは市の MINOU BOOKS & CAFE さんへ。店主の石井さんとたくさんお話。楽しかった！ 帰りは、新幹線。（海）

11/16 月

奈良に来て、柿が好きになりにけり。（真）

11/17 火

昨夜、急にチーズが食べたくなってゴミ出しのついでにコンビニへ。おかげで胃がもたれている。自業自得！ 今日は大阪の病院へ。出来るだけ人混みを避けるべく、車で行こう。車内でオムラヂ「山村夫婦放談」を収録。日が沈むと、ひがよは完全に冬。（真）

11/18 水

名古屋のカルチャーセンターでの講義中、『フィッシュ・アンド・チップスの歴史』と『武器としての「資本論」』を紹介したら、「白井なんていう奴を紹介するな」（大意）とアンケートに匿名で。ま、良い本は引き続き紹介していこう。関係ないね（@柴田恭兵）。帰りの車中で試験勉強をしなければならないのに、ついつい立岩真也『私的所有論』（生活書院）を書店で購入。ちなみに本書を買ったジュンク堂名古屋栄店の図書館学のコーナーには、『山學ノオト』と『彼岸の図書館』が一角を形成。ジャンル「ルチャ・リブロ」を目指していこう。お土産は赤福。（真）

11/19 木

なんやかんや言って、米米で好きなのは「ひとすじになれない」と「抱きしめたい」。ちなみにサザンだと「Bye Bye My Love」（「ラチエン通りのシスター」も好き）。（真）

久々の開館は千客万来。庭にもセキレイの一団がご来館。今日は暖かかったな。（海）

11/20 金

次回黒ジャコの課題本、東京大学教養学部歴史学部会編『歴史学の思考法』（岩波書店）がすっきりまとまっていて面白い。しばらく森高千里を聴こう。（真）

11/21 土

隣町珈琲の平川克美さん発刊の雑誌『Mal"』の、次号に寄稿するエッセイを執筆中。試験勉強や仕事で書く書類と違って、書くこと自体が楽しい。そんな機会をいただけてうれしい。できるだけ趣旨に沿うように、そしてできれば面白いものを書きたいと思っているけど、結局「自分なり」にしかできないんだな。（真）

11/22 日

昨夜、ひがよの気温は一度。今日は久しぶりに何もない一日。試験勉強は脇にやり、ついつい『歴史学の思考法』を読んでしまう。今まで断片的に齧ってきたことと、ルチャ・リブロ活動がつながる。長谷川まゆ帆さん、岩本通弥さんの章を合わせ読むと、アナール学派とギンズブルグが柳田國男の文脈と合流し、現在の民俗学を中心に「ヴァナキュラー」として表現されるあたりが分かり面白い。『H.A.Bノ冊子』に連載中の「山學日誌」を今回は四ヶ月分書き書き。一ヶ月ごとにやっておけば良いものを、締め切り前に一気にやるから大変になる。小学生の頃から一向に変わらないスタイル。ルチャ・リブロに新たなランドマークとして、アーティスト・坂本和之さんの作品をお譲りいただく。かっこいい。今夜は恒例のトマオニにて赤身ステーキ。だいぶ早く行ったので空いていたけど、夕食の時間には混雑。帰り際に温泉に寄り、帰宅後「山學日誌」（第八便）をブラッシュアップ。（真）

## 11/23 月

内田樹『コモンの再生』（文藝春秋）を遅ればせながら読み始める。途端に付箋がすごいことに。僕たちの『山學ノオト』でも網野善彦と小田亮さんの論文を引いて、有限性を基礎においた「もう一つの世界」が立ち上がるとして、「コモンの再生」を論じている。ドシドシ具体化していきたい。今日は就労支援の同僚がご来館。あしびきさん、オフィスキャンプ、空木さんをぐるり。色んな方々との偶然の出会いもあり、楽しかった。夜は明日の朝一で奥さんが小さな手術を受けるため、前泊する

南千里のホテルに向かう。（真）

シェードを作るために預かっていたいくみんのテーブルランプ、不注意で破損。なんてこった……。（海）



11/24 火

「続けること」を第一に考えたら、大成功はしない方が良い。といいつつ、最も重要なことは、成功するかどうかではなく「評価軸を常に自分の側に置いておくこと」だと思っている。危険視すべき大成功は、評価軸が世間の側にある時に起こるのだから。（真）

外来で手術。歯茎を切って、その下の骨を支えていたプレートを一部除いた。顎を切って入れたプレートに、今度は歯茎からアプローチする。骨まで結構近い。痛い。（海）

11/25 水

今日は在宅で就労支援のお仕事。昨日の手術で、瘤取りじいさんのようにほっぺたが腫れてしまった奥さん。固いものが食べられないというのを良いことに、なぜか関係のない僕も一日でプリンを三つも平らげてしまった。Amazon Primeで配信中、くりぃむしちゅー有田氏のプロレス番組が面白い。すっかり影響を受け、マスクが欲しくなっている。番組的には初代ブラックタイガーがフィーチャーされていたけど、僕は世代的に二代目。エディ・ゲレロ、かっこいい。（真）

11/26 木
終日頭痛。早く寝たい。といいつつ、原稿を一本仕上げる。さて寝よう！（真）
開館。「折々のことば」で当館を知ってくださったお客さんも来てくれて、のんびり。ちびっこ可愛い。（海）

11/27 金
またも今夜はトマオニにて赤身ステーキを。にわかに取材が立て込んでいるが、しっかりした方々からのお申し出に一安心。（真）

11/28 土

朝からかぼちゃんのみならず、屋根裏の知らない子も大騒ぎ。おかげで寝坊せず起床することができた。今日は斎藤幸平さんの話しを聞きに、神戸は凱風館まで車を走らせる。昼は百木漠さんとランチ。いつのまにか阪神高速大和川線が開通し、大阪市内を通らずに神戸に行けるようになっていた。こりゃ便利。（真）

11/29 日

ルチャ・リブロ開館日。午前中、僕は取材の打ち合わせ。午後から黒ジャコオンライン。先日、僕なりの「寅さん論」第一弾を次号の『mal"』に送信。しかし「男はつらいよ」はとりつく島ありまくりなので、他の論点でも書いていきたい。「男はつらいよ」は、高度経済成長を経た人々の「自然との向き合い方」について、寅さんという「自然」を中心に描いた作品だと思っている。高度経済成長によって「自然と向き合うこと」を外部化し忘れ去った結果、人びとは本来共同体内部に存在した「寅さん」を客体化し、自分たちとは関係のないものとすることができた。「コモンの再生」とは、外部化して追い出したはずの「寅さん的なるもの」との関わり方を改めて学びなおすことでもある。夜は山崎雅弘さんとご飯の後、オムラヂ収録。僕も寄稿している、『ポストコロナ期を生きるきみたちへ』の山崎さんの論考「図太く、しぶとく、生きてゆけ――誰も正解を知らない問題にどう答えを出すか」を題材に。いつも心に反抗を！（真）

今日も色んな方がご来館。常連さんにも久々に会えたりして嬉しかった。換気したりしながらも、団欒のような。（海）

## 11/30 月

就労支援のお仕事。働くことが資本主義に飲み込まれると、経済のためにただ消耗することが「働くこと」になってしまう。これがまさに疎外だし、搾取でもある。しかし人間に含まれる「感性」の要素をそこに組み込むことができれば、働くことはただ労働力として消耗させられるのではなく、「一人だったら普通しないことをする機会」くらいのものに位置づけ直すことができる。そのヒントが、ジブリのプロデューサー、鈴木敏夫氏の言う「公私混同」ではないか。（真）

12/1 火

二人で通院デー。まず一院目は西宮へ。近所に住んでいた時によく行ったカフェ、シオサイが閉まっていて残念。久々に西宮北口駅周辺をふらふら。「住みやすいとは何か」について、人は考え続ける必要があると思う。全てが「資本主義的合理性」のもとに設計された現代の都市空間。しかしその中に、資本主義の囲い込みから逃れた「自然」を見つけることは不可能ではない。では「自然を見つける眼」をどう養うか。要はそういう話なのだと思う。（真）

12/2 水

急に寒くなる。今日は在宅ワークの合間に取材。在宅ワークはこういうことができるので助かる。関係ないけど、最近ずっと「鈴木敏夫のジブリ汗まみれ」を聴いている。聴きすぎて、喋り方に影響が出そうなほどずっと聴いている。というか、影響が出るくらい聴き込まないとダメだと思っている。学び方は人それぞれだと思うけど、僕の場合は「ずっと関わる」という学び方。奥さんがハマっている、岩本ナオ『町でうわさの天狗の子』（小学館）を読む。来年はぼちぼち修験道かな、など

といいつつ、こんな夜更けにえび餅かよ。（真）

12/3 木

夜はタナトス家にて「三國風ロールキャベツ」をごちそうに。むちゃトレビアン。（真）

タナトス家にお邪魔して、陶ブローチ色付け。私が前に「離れが欲しい」と言ったことに対して、リアリストのいくみんが現実的な代案を考えてくれている。でっかいロールキャベツをごちそうになる。美味しい。（海）

12/4 金

『すばらしい新世界』読了。未だに古びないというか、すでに全てが言い尽くされている。文明化を推し進めても、どうしても抑えきれない「自然」は残る。その対処を生活レベルで考えたとき、「不安になったら薬を飲んで生きていく」しかないのか。うむぅ。（真）

12/5 土

夜は京都の誠光社さんにて、NPO法人スウィングの木ノ戸さんとトークイベント。公共空間は、「弱さ」を含んだ生身の個人から立ち上げる必要がある。今日の対話をヒントに、「これからのアジール」について考えていきたい。あっという間の約二時間。打ち上げで夜までしゃべり、タクシーで京都駅近辺のホテルへ。（真）

夜眠るのが本当に苦手。（海）

12/6 日

京都駅前で目覚める朝。昨夜の木ノ戸さんとの話「バグを増やす」がじわじわと。そして「未生成な大事な話」は打ち上げでこそなされることを再認識。トークイベントで二時間話したからこそだろうけど、オンラインイベントに足りないものはこれ。そして網野善彦『異形の王権』（平凡社ライブラリー）を再読しつつ、内田樹『街場の天皇論』（文春文庫）を読む。付箋がバシバシに。「資本主義とは別の原理」を探し求める際、「共産党アレルギー」が少ない二〇、三〇代に改めてマルクスが読まれているように、イデオロギーではなく「リソース」としての「天皇」を社会に位置づけ直すことは可能だろうか。昼は大和郡山で竹端寛さんとランチ。帰り道は誠光社さんでゲットした、友田とん『パリのガイドブックで東京の町を闊歩する2』（代わりに読む人）を読みながら「現実とは何か」について思いを巡らす。（真）

お客さんがたくさんで、初貸出も多い。（海）

## 12/7 月

ここ数ヶ月間比較的調子よく過ごしてきたけれど、昨夜から体がむちゃくちゃ重い。胃が疲れてしまっている。とにかく休まねば。それはそうと、近ごろかつて読んだ本を再読し、新たな発見を嬉しがっている。網野善彦氏の本もそうだし、赤坂憲雄『境界の発生』（講談社学術文庫）もその一つ。自分の関心や問題意識が変わると、本も違う表情を見せてくれる。というか、単純に読めていなかっただけの場合も多々。（真）

ぶらりと来てくれたお客さんと、ぽつぽつ話す。日が短くなった。（海）

12/8 火

「ちょうど良い」を探し続けている。僕たちにとっての「成功」は、一年に一冊本が出せて（ZINE含む）、それを携えて各地の本屋さんに遊びに行って、「そうだそうだ」と一緒にご飯を食べること。これ以上になったらちょっと違うし、これ以下だとちょいと寂しい。（真）

12/9 水

今週に入ってずっと胃の調子が悪く身体が重かったのだけど、やっと快復の見込み。書き物をする気になってきた。ということで、遅れていた『山學日誌』の原稿を送信。どんどん文量が増えていく、困った。今日より明日。今より未来。ここより向こう。そんな「脳に快楽をもたらしてくれる時代」は過ぎ去った。明日より今日。未来より今。向こうよりここ。「いつか来るかもしれないステキな出会い」を待ってもいいが、「半径三メートルでどう満足するか」に切り替えた方が、豊かさに手が届きそう。（真）

バスを乗り継いで、ご近所さんちに遊びに。床の間の薪ストーブでぬくぬく。（海）

12/10 木

就労支援の仕事後、オンラインで大学講義のゲストスピーカーに。担当講師が気の置けない後輩だったこともあり、「パラレルキャリア」という枠で好き放題に喋り倒す。現役大学生をできるだけ混乱させるミッションは成功したかしら。（真）

バタバタしながら、楽しく開館。皆さん読むの早い。（海）

12/11 金

「手づくりのアジール」論のため読んでいる、舟木徹男「アジール研究の現状と今後の方向性―網野善彦から自然法と公共性へ―」（『宗教と社会』24号、二〇一八年）が面白い。アジールは「癒し」の場でもあるけれど、「対抗的公共圏」でもある。いろいろな要素がちょっとずつ入っているのが、「手づくり」の醍醐味。百木さんとの対談企画「僕らのVita Activa」の中でマルクス、アーレントだけでなく、網野善彦、寅さん、今後は宮崎駿を論じたい。内田樹先生が『街場の天皇論』において、吉本隆明と三島由紀夫という二人の名前とともに論じている、「日本的（小）情況」を踏まえたい。そしてこれを理解するには「天皇」の存在は避けて通れない。（真）

## 12/12 土

昨夜と今朝、関西で見れるNHKでルチャ・リブロの映像が流れたよう。村内にお住まいの刀匠・河内國平先生から「久しぶり！元気か？」とお電話をいただく。これだけでも出た甲斐はあったかなと。昼間は西洋史学会オンライン。午後は取材があるため、途中まで参加。（真）

たまに「図書館は○○だけど、本屋さんは○○だよね」と語られたりするけど、役割や目的、仕組み等そもそもが全然違うので、どこかシュールにすら感じる。本屋さん大好きだけど、自分たちはまずなれない。（海）

## 12/13 日

「鈴木敏夫のジブリ汗まみれ」をとにかく初回から聴いている。まだ二〇〇八年。当時「崖の上のポニョ」を観に行って言われ得ぬ恐怖を感じたのだけど、押井守氏が「宮崎さんの妄想を映像した」（意訳）と言っていて納得。その背景には高畑勲氏からの「解放」があったと、鈴木氏の解説にも大いに納得。午後はフェニキア・カルタゴ研究会。長らくこの研究会は会長と副会長の僕の二人で開催してきたが、ついに後輩が参加。来春にオンラインで公開報告会を予定。夜は先輩との研究会。大学院の研究室という「戻れるところ」があると、とても安心する。いつまでも後輩でいられる心地よさといったらない。（真）

12/14 月

オムラヂ、Spotifyで配信開始。時系列で聴けるのが良い。お便りはホームページからどうぞ。（真）

短縮開館だけど、一六時で割ともう暗かった。日が短いの好き。（海）

12/15 火

「ジブリ汗まみれ」の中で、宮崎駿氏が大きく影響を受けた堀田善衛について語っていた。崖の上のポニョと方丈記は「気候変動」という線で結ばれていて、宮崎氏の中でその中心には堀田善衛がある。改めて観返したり読み返したい。深夜、明日の講義準備が終わる。家の中でも息が白い。（真）

自分がポンプ化。毎年この時期に、「冬はたくさん食べられる」とか言って食べ過

ぎて調子崩してる。（海）

**12/16 水**

「おれ、世良公則めっちゃ好きなんだよなぁ」と、車内で隣の男子高校生が話してる。間違いなく、聞き間違い。今年のカルチャーセンター講義がすべて終了。アメリカ独立革命を中心にお話しするも、話してる途中で自分の言ってることに疑問が出てきちゃった時が一番困るし、楽しい。夜はON READINGさんで柿内正午さんとトークイベント。何を喋ったか覚えてないけど、楽しかったことだけはぼんやりと。終わった後、みんなでガストへ。大学生みたい。（真）

**12/17 木**

僕の唯一の長所は喉が丈夫なことだと実感。でもそこに体力がついていかない。（真）

雪ちらつく中、鹿に見つめられ、郵便局までの道では、上空に大きな蜂の巣。ON READINGさんでのトーク、録音聴かせてもらう。黒田ご夫妻の笑い声も入ってて楽しい。（海）

12/18金

斎藤環、與那覇潤『心を病んだらいけないの？』（新潮選書）読了。面白くて首肯するところも多かったのだけど、進むにつれて「あれもダメ、これもダメ」に聞こえてきてしまった。最後に網野善彦を経由したコミュニズムの必要性が説かれていて、與那覇さんの中でどう発展していくのかが楽しみ。（真）

12/19土

永江朗さんのオンライントークイベントにゲスト出演。普段どちらかというと「聞き手」に回ることが多いので、聞かれる側は新鮮。『山學ノオト』をお読みくださり、出てくる本のリストを作ってくださったそう。参考文献として福嶋聡『書店と民主主義』（人文書院）を。（真）

12/20日

ルチャ・リブロ、年内最終開館日。夜は恒例のトマオニで打ち上げ。今日はハンバーグを。（真）

今年の最終開館日。たくさんご来館があり、換気等には気をつけつつも、大家族みたいな状態を内心とても嬉しがっていた。今年もご来館ありがとうございました。(海)

12/21 月

今夜はマイナス四度。でもそれほど寒く感じないのは、体が慣れてきたせいかしら。と調子に乗ってアイスを食べたら、胃が痛くなってしまった。冬季休館中のルチャ・リブロは、見えるところと見えないところを改装予定。ガラッと変わるかもしれないし、変わらないかもしれない。夜はとほんさんへ『山學ノオト』何度目かの納品準備。寒いので、布団の上で、するサイン。(真)

12/22 火

奥さんの通院同行で北大阪へ。お供は「山學日誌」の校正を。ついに『H.A.B ノ冊子』に載り切らなくなった「山學日誌」。今回は七月中旬から一一月中旬まで。『彼岸の図書館』オンライントークを月に一度やりつつ、『山學ノオト』制作が佳境になりつつ、普段は就労支援に勤しむ勤労マンの様子が書かれている。奥さんの通院後、帰り道に国立民族学博物館へ立ち寄る。新しくなっていたレストランで豚のソテーを食す。前に展示を見た時から二人で気になっていた、「土方久功」研究をじわじわと。手始めにみんぱくの図書室で著作、詩集、作品集や図録などを閲覧。『季刊 民族学「特集 土方久功と中島敦のパラオの日々」』も購入。(真)

通院日。帰りに民博の図書館へ。土方久功のことを調べる。ふと、鬱やら発症して、変わらぬまま一五年ほど過ごしているに気づいた。とほほ。(海)

12/23 水

午前中は在宅で仕事。夕方から大学講義で大阪へ。お供は伊藤正敏『アジールと国家 中世日本の政治と宗教』(筑摩選書)。内容はもちろんだけど、筆者のつぶやき的な叙述があり、面白かった。帰りのコンビニで『BRUTUS』をゲット。(真)

12/24 木

クリスマスイブに呉座勇一『一揆の原理』(ちくま学芸文庫)を読む。僕にとっての「アジール」に最も近いのは、現代という無縁の時代に改めて縁を取り戻すヒン

トになるという意味で、呉座さんの言う「一揆」なのかも。（真）

**12/25 金**

DVD『「もののけ姫」はこうして生まれた。』を観る。九七年当時は中学生でよく分からなかったけど、「もののけ姫」は見事に本質を突いた映画だと思う。「自然」は人間にとって良いものでも悪いものでもないし、そもそも向こうは人間なんて気にしちゃいない。その作品を全力で売りに行く鈴木敏夫氏、動く徳間康快氏も観れて最高。（真）

**12/26 土**

来年から始まる予定の奥さんの連載のため、東吉野村と外との境目にある「ひだる地蔵」を撮影。そして「一人民族」こと奥さんが、ナンテンなどをゲットしに家の前の山や土手を登る。その様子を見張るかぼす館長。（真）

タナトス家でクリスマス。パスタ美味しいのよう。（海）

12/27 日

男はつらいよ、鈴木敏夫、網野善彦を貫く、鋭意構想中の「手づくりのアジール」は、制度化以前の福祉とかアナーキズムとか色んな言い方ができるのだけど、本当はマルクスの思想を日本的情況に土着させた「任侠的なるもの」なのだと思う。「もののけ姫」の世界観にだいぶ近い。（真）

怪我して輪郭が変化してから、自分が映ってる写真を見ても、あまり自分だと認識できない。（不都合ないけど。）以前の顔を知ってる知人でも、「変わった」という人と「全然変わってない」という人がいて、自でも他でも同一性って何だろと考える。（海）

12/28 月

昨日から動けなくなってしまったおくらくん。病院に行ったところ、椎間板ヘルニア疑惑が。ぴょんぴょんマリオみたいにジャンプすると思っていたが、腰に負担がかかっていた模様。心配。今夜は永江朗さんとオムラヂオンライン収録。（真）

12/29 火

昨夜からあまり体調が優れず、昼過ぎまで寝てしまう。起きてみたら、昨日薬を飲んで静養していたおくらくんが元気になっていた。よかったよかった。けど腰を痛めないように、できるだけバリアフリーな生活を送ってもらわねば。気が進まない原稿や全くモチベーションが上がらない試験勉強があると、関係ない本をガシガシ読んじゃう。ということで、伊藤亜紗『手の倫理』（講談社選書メチエ）読了。社会で生きていくことは「フレーム」の外に出ないことを意味する。そういう意味で、最終章の「不埒な手」は特に面白かった。（真）

12/30 水

ルチャ・リブロも来年で丸五年。ここいらで、ジャンル「ルチャ・リブロ」の輪郭をぼんやりとでも示せたら。なぜルチャ・リブロは川向うにあるのか、なぜ山村なのか、なぜ人文知の拠点を名乗っているのか、などなどがすべてぼんやり結びつくような。五年間の集大成であり、かつ新たなぼんやりが始まるような。しかしおくらくん、前のように夜眠くなるとピーピー鳴くようになった。元気になってきた

のはいいけど、なぜこんなに寂しがりなのかしら。横にきたらピーピーが収まった。雪が本降りに。（真）

12/31 木

よっちゃんの家こと正覚寺へおせちを作りに。奥さんたちがおせちを作ってくれている間、僕は内田樹先生とオムラヂ収録。正覚寺のお子たちの声がたくさん入っている、にぎやかな回に。テーマは「コモンの再生」と宗教性と昭和残侠伝。夕方は『日本列島回復論』の井上岳一さんともオムラヂ収録。その後、タナトス家にお邪魔する。二〇二〇年の自分ニュースは圧力鍋を買ったこと、「男はつらいよ」をたくさん観たこと、「鈴木敏夫のジブリ汗まみれ」をたくさん聴いたこと。二〇二一年はうちの奥さんに弟子入りし、ルチャ・リブロの改装を頑張りたい。また九州にも行きたい。（真）

正覚寺でおせちっぽいものを一緒に作って、夜はひがよ。タナトス家へ。（海）

# 研究ノオト

## それが渡世人の楽しいところよ

二〇二〇年は原理が統一された年だった。そんな気がしている。

ここで言う原理とは、社会を動かすルールのようなものだ。ルールは一つの方が良いような気がするかもしれないが、実は人類はもともと二つの原理のなかで生きてきた。ハレとケ、生と死、此岸と彼岸。人が言葉を使い、集団を構成している以上、どうしても世界を二つに分けて説明する必要があったのだろう。

二〇二〇年は新型コロナウィルス感染予防のため、「不要不急」が叫ばれた。社会において「必要かつ急を要することだけ」が求められた結果、「万人にとって必要なこと」しか許容されなくなってしまった。なんとなく食べてみたい、なんとなく会って話したい、なんとなくいつもと違う道で帰りたい。このような個人的で直感的な感覚は、「万人にとって必要なこと」にとって替わられてしまう。本来人は、友人、家族、同僚など、さまざまな人たちとの関わり合いのなかで生きている。関わり合いは、僕たちの身に「万人」という強い直射日光が降り注ぐのを防いでくれる、オゾン層のようなものだ。「万人」というバーチャルな存在は、実態がないだけに、強い刺激となって社会に影響を与えてしまうのだ。

「不要不急」の号令によって、関わり合いの機会は大幅に少なくなった。結果的に「万人」の原理だけが社会を覆ったことは、僕たちの生活をとても息苦しく、窮屈なものにした。この経験は、人が生きていく上で「二つの原理」が不可欠なことを教えてくれた。この「二つの原理」の間には、個人と万人の間にさまざまな中間的集団があるように、ゆるやかな連続性が存在する。生と死、公と私、男と女、親と息子、資本主義と社会主義、都市と村なども、二つのうちのどちらかを選ばねばならないわけではない。「二つの原理」を想定することで、その間にある選択肢がより具体的になり、生きる上での自由度を上げる効果があるのだ。

普段、僕は障害者の就労支援を行っている。社会では健常者と障害者という区別が存在するが、もちろんこの間にも連続性は存在する。健常者と言われる人の中にも、社会と軋轢を生んでしまう「障害」は存在するし、障害者でも社会が変われば「障害」を感じずに済む場合がある。つまり「障害」は、人と社会の関係によって発生するのだ。就労支援はその折り合いをつけるサポートをする仕事だ。

就職するために性格を大きく矯正しなければならなかったり、本人だけが「障害」を乗り越えなくてはならない状況は、根本的に間違っている。とはいえ、本人はあるがままでよく、社会の側が一〇〇%悪いのだから何もしなくても良いわけではない。人も誰しも、限定された時代、国、地域、家族のなかに生きているし、社会は常に未完成だ。この現状は誰もが受け入れざるを得ない。一方で、僕たち自身を含む社会の側も、できるだけ多くの人が「障害」を感じないで済むように、制度や文化を変えていく努力は不可欠だ。

僕が主に携わっている就労移行支援という福祉サービスは、期限が二年間と決まっている。この期間に行うサービスの内容を、僕は「福祉期」と「就労期」の二つに分けて考えている。もちろんこの間にも連続性はあるし、一年ずつ明確に分けられるわけでもない。しかし就労支援にはこの「二つの原理」が必要だし、ひいては人間が社会を生きていく上で、とても重要なテーマだと思っている。

まず「福祉期」とは、その人の存在が絶対的に認められる時期である。障害を抱える方々は、人付き合いがうまくいかなかったり、仕事でミスばかりしてしまったりして、社会や集団から排除される「負の経験」をしている場合がとても多い。だから就労移行支援では、最初は「失敗をしても排除されない経験」ができる場を提供している。だから「失敗をしても排除されない経験」がより多くできる時期のことを「福祉期」と呼んでいるのだ。

人が生きていく上で、この「福祉期」はとても大切だ。失敗しても成功しても、役に立とうが立つまいが、本来はその人が存在する理由とは全く関係がない。このような地平にまず立たないと、人はできるかできないか分からないことにチャレンジしようとは思わない。しかし現代社会では、役に立たないと生きている意味がないという言説が飛び交っている。特に景気が悪くなり、社会全体が貧しくなってきたことが影響し、経済活動ができない人に対しての風当たりがとても強くなってきているのを感じる。これは本当に良くない風潮だ。

「福祉期」を経て心身が安定し、社会関係のなかで「危険」を感じなくなって初めて、「就労期」に入ることができる。「就労期」では、自らの労働力によって社会とつながる方法を模索することになる。つまり「戦力になる方法」を身につけていくのだ。そのためには自分が好きなことよりも、向いていることに対して意識を向ける必要がある。もちろん好きなことと向いていることが同じであれば良いが、そうではないことが多々ある。その場合、「就労期」においては向いていること、つまり適性があることを選択し、「無理せず続けること」を目指す。賃金を稼いだり、生産物を生み出すことは、一回だけできれば良いわけではない。継続することが大切なのだ。

このように就労移行支援は、「福祉期」と「就労期」という「二つの原理」の連続性のなかで成り立っている。人間は理由などなくても存在して良いという「福祉期」と、社会のなかで役に立つことで自分の存在をより明確にできる「就労期」。どちらかだけでも人は苦しくなってしまうだろう。健常者と言われる人は、知らずしらず「就労期」のなかだけで生きていることに、気がついているだろうか。だから仕事ができなくなってしまうと、自分は無意味なのではないか、生きている意味などないのではないかと思ってしまう。しかし、そもそもは生きることに理由など必要ないのだ。「二つの原理」で生きていると、この地平に立ち返ることができる。

「二つの原理」を行ったり来たりすることのヒントは、映画「男はつらいよ」に学ぶことができる。主人公の車寅次郎（以下、寅さん）は、中学校の時に家を飛び出したきり家に戻らず、映画第一作において約二〇年ぶりに故郷・葛飾柴又に帰ってくる。寅さんは家に帰らなかった間、日本の各地で「売」をするテキ屋稼業を営んでいた。約二五年以上続く「男はつらいよ」シリーズは、寅さんが家に帰ってきては喧嘩をし、また日本全国で「売」をすることでさまざまな人と出会い、また故郷に帰ってくることが物語の骨子だ。そんな寅さんの有名な台詞に、「そこが渡世人のつらいところよ」というものがある。「渡世人」とは何か。かつて東京大学史料編纂所に勤めた歴史学者・山本博文氏は、以下のように述べる。

通常の商売などに従事しないで生活を送る者ということで、「無宿渡世人」は各地の博徒の親分のもとを渡り歩き、博打をしたり小遣い銭をもらったりして生活した博徒を指すが、実は、こうした使い方は江戸時代にはなかった。博徒は多くが無宿であり、「無宿」は誇るべきことでもなかったから、わざわざ自分から「無宿渡世人」ということもなかったのである。（「時代劇用語指南」『imidas』https://imidas.jp/jidaigeki/detail/L-57-141-08-04-G252.html より）

「渡世人」とは、「通常の商売などに従事しないで生活を送る者」という意味だという。確かに寅さんは、生活のために各地で「売」をする露天商・テキ屋という意味合いで渡世人という言葉を使っている。さらに「渡世」には「生活」という意味もあり、「生きていく」という意味もあった。このように、「渡世」にはさまざまな意味が込められている。今回、さらに僕はもうひとつの意味を付与したい。それが「二つの原理を行ったり来たりしている人」という意味だ。

寅さんは日本全国で「売」をしている間、困っている人を助けたり、食事をご馳走してあげたり、最終的には「困ったことがあったら、いつでもおいで」と、東京の実家の団子屋さんの名を告げて別れる。テキヤ稼業を営む寅さんは自分の手で賃金を稼ぎ、自分の力で生きている（たまに無銭飲食や宿泊をして、妹のさくらが旅先に呼び出されるのだが）。つまり自分の労働力によって社会とつながっている実感を得ているからこそ、「困ったことがあったら、いつでもおいで」と福祉的な振る舞いができるのだ。寅さんが活き活きと「売」ができるのは、就労支援の用語でいうと、彼自身のなかで福祉と就労の「二つの原理」がうまく噛み合って作動しているからだ。

しかし実家ではどうだろうか。旅先で寅さんと出会い、東京にやってきた客人たちは、旅先の寅さんとはまるで違うグータラでトンチンカンな「三枚目」と出会うことになる。これは日本の各地では寅さんの中で福祉と就労の「二つの原理」がうまく作動していたのが、実家に帰ってきた途端、福祉の原理だけの世界に適応したことを意味する。寅さんはおいちゃんと喧嘩をしてどんなに激怒しても、二度と家に入れなくなることはない。つまり「何度でも失敗が許されている」のだ。寅さんが旅先で自らの力によって社会とつながり、困っている人を救う「福祉力」を発揮できるのは、実家で福祉的空気を胸いっぱい吸い込んでいるからなのだ。

例えば僕の場合、ルチャ・リブロの活動を行いながら、社会福祉法人に勤務している。この関係は福祉と就労という「二つの原理」で説明できる。自宅を開き、別に誰のためにやっているわけではないルチャ・リブロ活動は、僕たちの自己満足以外の何物でもない。しかしルチャ・リブロという場は、僕たちにとって「何度でも失敗が許されている」場だ。言い換えれば、ルチャ・リブロは僕たちの生を無条件で認めてくれているのだ。僕たちにとってルチャ・リブロは非常に福祉的な場だし、そのことについてとても満足している。僕たちはこの自己満足を「おすそ分け」しているのだ。

ルチャ・リブロが僕の存在を認めてくれるからこそ、社会福祉法人の戦力となって働くことができる。僕がルチャ・リブロ活動と法人職員を往復している関係は、福祉期と就労期を「行ったり来たりしながら」生きている状態に似ていると言ったのは、こういう意味だ。大前提として、人は存在するだけで価値があるのだけれども、同時に労働力という形で集団に貢献することで、また違った価値を創出することができる。価値の基準は一つではない。その価値を規定する原理を二つ持っておくこと。それが現代の渡世人だ。

そして現代の渡世人は、この「二つの原理」をビーカーに入れた原液が混ざらないように遠ざけておくのではなく、あえて混ぜ合わせてしまうのだ。まずは「二つの原理」を生活の中に確保すること。そしてこの二つが混ざり合った時、物語は始まる。

そこが渡世人の楽しいところよ。（真）

No.406 / 2020.10.07.wed_7:00am
【山村夫婦放談】財と富
No.407 / 2020.10.14.wed_7:00am
【山村夫婦放談】例のやり口
No.408 / 2020.10.21.wed_7:00am
【KJR】ご機嫌に学ぶ
No.409 / 2020.10.28.wed_7:00am
他者評価の牢獄から脱する
No.410 / 2020.11.04.wed_7:00am
【ぜいたくな時間】物質に関心がある人とない人
No.411 / 2020.11.11.wed_7:00am
【二人だけの人類学研究会】コミュニティがない感じ
No.412 / 2020.11.18.wed_7:00am
【山村夫婦放談】赤身なのに柔らかくておいしい
No.413 / 2020.11.21.wed_10:30am
【ポスコロ期】コロナ禍にみる現在とこれから
No.414 / 2020.11.25.wed_7:00am
【ひがよ会】分散して生きていく
No.415 / 2020.12.02.wed_7:00am
【KJR】ヴァナキュラーと匿名と
No.416 / 2020.12.09.wed_7:00am
【ポスコロ期】いつも心に反抗を
No.417 / 2020.12.16.wed_7:00am
【山村夫婦放談】タフ・ボーイ
No.418 / 2020.12.23.wed_7:00am
【刊行記念】読む生活、書く生活
No.419 / 2020.12.30.wed_7:00am
書店と本と生活と
No.420 / 2020.12.31.Thu_7:00am
【KJR】「コモン」とは何か

No.390 / 2020.6.17.wed_7:00am
都農町で悪い顔をしてパスを出す
No.391 / 2020.6.24.wed_7:00am
【KJR】われわれは「左」なのでしょうか
No.392 / 2020.7.01.wed_7:00am
【二人だけの人類学研究会】当たり前過ぎて気が付かないもの
No.393 / 2020.7.08.wed_7:00am
仕事と対価、その価値について
No.394 / 2020.7.15.wed_7:00am
【中谷健太郎的こころ】これからの「安心」
No.395 / 2020.7.22.wed_7:00am
【KJR】生き死に関わる時ほどクールに見るべし
No.396 / 2020.7.29.wed_7:00am
【山村夫婦放談】イリイチは「男はつらいよ」が好き
No.397 / 2020.8.05.wed_7:00am
失われた「中流」を求めて（イリイチ編）
No.398 / 2020.8.12.wed_7:00am
【山村夫婦放談】丁寧な配信
No.399 / 2020.8.19.wed_7:00am
【KJR】既知に還元しがち
No.400 / 2020.8.26.wed_7:00am
【山村夫婦放談】寅さんとラジニ
No.401 / 2020.9.02.wed_7:00am
【ぜいたくな時間】モノと孤立
No.402 / 2020.9.09.wed_7:00am
町でいちばんの素人と村でいちばんの素人
No.403 / 2020.9.16.wed_7:00am
夕書房はただの家です
No.404 / 2020.9.23.wed_7:00am
【山村夫婦放談】生産性とはなにか
No.405 / 2020.9.30.wed_7:00am
例のスーパー本について

No.375 / 2020.4.08.wed_7:00am
失われた「中流」を求めて（第三夜）
No.376 / 2020.4.15.wed_7:00am
どこにいても本屋
No.377 / 2020.4.15.wed_7:00am
【二人だけの人類学研究会】山口昌男『文化人類学への招待』を読む
No.378 / 2020.4.22.wed_7:00am
パラダイムシフトとこれから
No.379 / 2020.4.22.wed_7:00am
憤死です。
No.380 / 2020.4.24.wed_7:00am
【緊急配信！内田樹先生に訊く】一寸先は闇
No.381 / 2020.4.29.wed_7:00am
「待つこと」ができるように
No.--- / 2020.4.29.wed_7:00am（現在非公開）
今こそ『彼岸の図書館』を
No.382 / 2020.5.06.wed_7:00am
【二人だけの人類学研究会】顔のある関係について
No.383 / 2020.5.06.wed_7:00am
【山村夫婦放談】俺は俺かもしれないしあいつかもしれない
No.384 / 2020.5.13.wed_7:00am
【KJR】それぞれのシュート
No.385 / 2020.5.13.wed_7:00am
失われた中流を求めて（第四夜）
No.386 / 2020.5.20.wed_7:00am
【山村夫婦放談】俺がおばさんだ
No.387 / 2020.5.27.wed_7:00am
【積もる話】「これから」について
No.388 / 2020.6.03.wed_7:00am
バスに乗り遅れるな
No.389 / 2020.6.10.wed_7:00am
失われた「中流」を求めて（特別編）

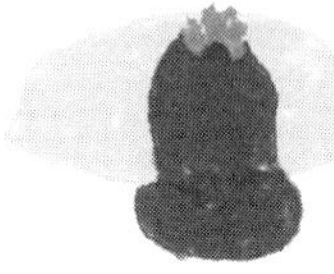

# オムライスラヂオ年表　2020.01.01-2020.12.31

No.361 / 2020.1.01.wed_7:00am
【内田樹先生に訊く】カウボーイと農本主義
No.362 / 2020.1.08.wed_7:00am
山學、事始め
No.363 / 2020.1.15.wed_7:00am
【山村夫婦放談】生まれも育ちも葛飾柴又
No.364 / 2020.1.22.wed_7:00am
第0回「山學TV」
No.365 / 2020.1.29.wed_7:00am
【元気です。】本と住まう
No.366 / 2020.2.05.wed_7:00am
【元気です。】小さな場所からはじめよう
No.--- / 2020.2.12.wed_7:00am（現在非公開）
【元気です。】移り住むこと
No.367 / 2020.2.19.wed_7:00am
【山村夫婦放談】本だけ読んでる人は掛け声だけ聞いてる
No.368 / 2020.2.26.wed_7:00am
古来と未来
No.369 / 2020.3.04.wed_7:00am
【オムラヂとほん】2020年代の前向きな話
No.370 / 2020.3.11.wed_7:00am
失われた「中流」を求めて（第二夜）
No.371 / 2020.3.18.wed_7:00am
【山村夫婦放談】MPP
No.372 / 2020.3.25.wed_7:00am
ネガティブ・ケイパビリティがすごい
No.373 / 2020.4.01.wed_7:00am
「自宅が図書館」＆「自宅が本屋」対談プレトーク
No.374 / 2020.4.08.wed_7:00am
【お元気ですか】「ペンギン村」を見据える

青木 真兵（あおき・しんぺい）

1983年生まれ、埼玉県浦和市に育つ。「人文系私設図書館ルチャ・リブロ」キュレーター。古代地中海史（フェニキア・カルタゴ）研究者。博士（文学）。2014年より実験的ネットラジオ「オムライスラヂオ」の配信をライフワークにしている。2016年より奈良県東吉野村在住。現在は障害者の就労支援を行いながら、大学等で講師を務めている。妻・青木海青子との共著『彼岸の図書館　ぼくたちの「移住」のかたち』（夕書房）、『山學ノオト』(H.A.B)、「楽しい生活――僕らのVita Activa」（内田樹編著『ポストコロナ期を生きるきみたちへ』晶文社）などがある。

青木 海青子（あおき・みあこ）

1985年兵庫県生まれ。七年間、大学図書館司書として勤務後、東吉野へ。現在は私設図書館を営みながら、陶と刺繍で制作を行う。夫・青木真兵との共著『彼岸の図書館　ぼくたちの「移住」のかたち』（夕書房）、『山學ノオト』(H.A.B)がある。夕書房noteにて「土着への処方箋　ルチャ・リブロの司書席から」が好評連載中。

山學ノオト2（二〇二〇）
2021年9月15日　初版発行

著者　青木真兵・青木海青子
装画・本文イラスト　青木海青子
装幀　武田晋一
発行者　松井祐輔
発行所　エイチアンドエスカンパニー（H.A.B）
130-0021 東京都墨田区緑2-10-13-404
03-5303-9495 (TEL) / 03-4243-2748 (FAX)
hello@habookstore.com
https://www.habookstore.com/

印刷　藤原印刷株式会社
表紙：OKサンドカラー（アクアグレー）本文：アルドーレ
カバー：シープスキン 間紙：モフル（バニラ）
本体　2,000円+税

乱丁・落丁本はお取り換えいたします。
ISBN 978-4-9907596-5-0